道徳の評価で大切なこと

赤堀博行［著］

東洋館出版社

は じ め に

　学期末には、多くの学校で当該学期の子どもたちの学習の様子や生活の様子を通知表などに示して伝えることが一般的に行われています。

　終業式の朝、子どもたちは、「今学期、自分は先生からどのように見られたのだろうか」と、通知表を受け取ることの期待と不安を胸に秘めて登校してきます。

　終業式では、校長先生が通知表について講話をすることもあることでしょう。例えば次のような話かもしれません。

　「今日は担任の先生から通知表が手渡されます。今学期、みなさんはたくさん勉強し、先生や友達とたくさんの体験をしましたね。通知表には、今学期のみなさんの学習の様子や生活の様子が書かれています。大変よく頑張ったこともありますし、もう少し頑張った方がよいということもあるでしょう。通知表の中身がよかったからといって、得意になって自慢したり、自分の期待通りでなかったからと言ってがっかりして、自分はだめな子どもだなどと思ったりしてはいけません。今日受け取った通知表に書かれていることをよく読んで、自分が次に頑張ることを見つけるようにしましょう。」

　先生たちは、当該学期、しっかりとした目標をもって学習指導や生徒指導を行ってきたことでしょう。子どもたちは、そうした指導を基に、主体的に学習したり、生活したりしたものと思われます。そして、先生たちは、一人一人の子どもの学習や生活の様子を適切に把握して、子どもたちに伝える努力をしています。先生たちが指導の目標に基づいて子どもたちの学習や生活の状況を把握して、それらを子どもたちに伝えることの目的は、子どもたち一人一人が学習や生活について自分が今どのような状況にあるのかを自覚して、今後の学習や生活に関わる思いや願いを培うことです。このことが、子ども自身がよりよい学習や生活を目指そうとする意欲を高めていくのです。

　学習評価の目的を子どもたちの視点で考えれば、子どもたち自身が自らの学びを振り返って次の学びに向かうことができるようにすることと言え

ます。

　また、先生たちは、自らの指導の目標に照らして、把握した子どもたちの学習や生活の状況がどうだったのかを考えることでしょう。自分が子どもたちに学ばせたかったこと、考えさせたかったことが子どもたちに伝わり、それらの実現が図られていたのか否かを分析します。そして、仮に、それらの指導が十分でなかった場合には、どうすれば子どもたちの学習や生活がよりよいものになったのかを再考します。学ばせたかったこと、考えさせたかったことが実現できていたとすれば、より効果が上がるようにするためには、どのような工夫が必要かを考えます。これが指導の改善、授業レベルでは授業改善ということになるのです。

　学習指導要領における道徳教育に関わる目標や内容等の改訂は、他教科に先駆けて、平成 27 年 3 月 27 日に学習指導要領の一部を改訂する告示により行われました。学校教育法施行規則の改訂により改められた「特別の教科である道徳」（以下「道徳科」）に関わる規定が学習指導要領に示されました。学校における道徳教育は、道徳科を要として学校の教育活動全体を通じて行うといった基本的な考え方は踏襲されました。一方、学習指導要領においては、学校の教育活動全体を通じて行う道徳教育と道徳科について明確なすみ分けを図るために、前者を第 1 章総則に、後者を第 3 章特別の教科　道徳に規定しました。

　教育活動全体で行う道徳教育の評価は、総則に示されている学習評価の考え方に基づいて行われるということです。つまり、子どものよい点や進歩の状況などを積極的に評価し、学習したことの意義や価値を実感できるようにすることを基本的な考え方としています。総則に示されている規定は、道徳科に対しても適用されます。そして、道徳科の評価は、さらに第 3 章において次のように規定されています。

　児童の学習状況や道徳性に係る成長の様子を継続的に把握し、指導に生かすよう努める必要がある。ただし、数値などによる評価は行わないものとする。

この規定は第3章に示されていることから、道徳科の授業における学習状況や道徳科の授業を通した道徳性に係る成長の様子であることが分かります。つまり、道徳科の評価は、人格の基盤である道徳性の評価ではないということです。

　これからは、子どもたちの道徳科における学習状況や道徳性に係る成長の様子を公定表簿である指導要録に記すことになるでしょう。全国の学校では、道徳科の評価の具体的な進め方を明らかにすることが課題になっています。こうした中で、これまでの教育評価に関わるさまざまな考え方や手法を道徳科の評価に当てはめて考えようとする試みも見受けられます。

　学校の教育活動に関わる評価は、教育課程の基準としての学習指導要領に基づいて考えていくことが大切です。本書では、これまでの学校教育における評価について公教育の視点から概観しています。教育評価の目的は、教育目標にかなった子どもたちの心身の成長にあります。また、そのことの充実を図るための指導の改善に役立てることでもあります。評価のための評価とならないようにしなければなりません。

　本書の目的は、道徳科における評価の在り方を明らかにして、学校の道徳科の充実に資することです。そのために、これまでの学校における評価の考え方を学習指導要領や関連する指導資料などを基に考察したところです。本書を読んでいただくことで「道徳科の評価は何を書けばよいのか」というようなお考えが払拭されることを願っています。

　また、本書の上梓に当たって、ご尽力賜りました東洋館出版社、ご担当の近藤智昭氏、村田瑞記氏に心より感謝いたします。

平成三十年十月

　　　　　　　　　　　　　　　　　　　　　　　　　　　赤堀　博行

はじめに ………………………………………………………………………… i
目　次 …………………………………………………………………………… iv

第1章　公教育における教育評価 …… 1

公教育としての学校教育 ……………………………………………………… 2
法令に基づく学校教育 ………………………………………………………… 2
公教育における教育評価の根拠 ……………………………………………… 9
　1　学校教育法と学校評価 ……………………………………………………… 9
　2　学校評価ガイドライン ……………………………………………………… 11

第2章　学習指導要領と学習評価 …… 15

中央教育審議会答申における学習評価の考え方 …………………………… 16
　1　学習評価の目的と基本的な考え方 ……………………………………… 16
　2　評価の三つの観点 ………………………………………………………… 17
　3　評価に当たっての留意点等 ……………………………………………… 19
学習指導要領における学習評価 ……………………………………………… 20
　1　学習指導要領の性格 ……………………………………………………… 20
　2　学習指導要領における学習評価の変遷 ………………………………… 21
　　●昭和22年　学習指導要領一般編（試案） ……………………………… 21
　　●昭和26年　学習指導要領一般編（試案） ……………………………… 28
　　●昭和33年以降の学習指導要領における評価 ………………………… 34
　3　平成29年の学習指導要領における学習評価の考え方 ………………… 38

第3章　これまでの道徳教育の評価の考え方 …… 43

これまでの道徳教育の評価の考え方 ………………………………………… 44

昭和 33 年の学習指導要領 ……………………………………………… 44
小学校　道徳についての評価 ……………………………………… 47
　1　道徳教育における評価とその特質 …………………………… 47
　2　評価の手続き ……………………………………………………… 49
　3　道徳性の評価 ……………………………………………………… 51
昭和 43 年の学習指導要領 ……………………………………………… 74
昭和 52 年の学習指導要領 ……………………………………………… 78
平成元年の学習指導要領 ………………………………………………… 78
平成 10 年の学習指導要領 ……………………………………………… 80
平成 20 年学習指導要領 ………………………………………………… 83

第 4 章　道徳科の評価の基本的な考え方　…………… 85

学習指導要領に示されている道徳科の評価 ……………………………… 86
道徳科の評価の基本的な考え方 …………………………………………… 87
　1　道徳科における評価の意義 ……………………………………… 87
　2　道徳科で行う評価の対象 ………………………………………… 88
　3　学習状況や道徳性に係る成長の様子についての評価とは ……… 90
　4　道徳科の評価における配慮事項 ………………………………… 94
　　1　数値による評価ではなく、記述式であること。
　　2　他の児童生徒との比較による相対評価ではなく、児童生徒がいかに成長したかを積極的に受け止め、励ます個人内評価として行うこと。
　　3　他の児童生徒と比較して優劣を決めるような評価はなじまないことに留意する必要があること。
　　4　個々の内容項目ごとではなく、大くくりなまとまりを踏まえた評価を行うこと。
　　5　発達障害等のある児童や海外から帰国した児童、日本語習得に困難のある児童等に対して配慮すべき観点等を学校や教員間で共有すること。
道徳科の評価の実際 ……………………………………………………… 108
　●第 1 学年の指導と評価　「A 節度、節制」『かぼちゃのつる』 ……… 110
　●第 2 学年の指導と評価　「B 友情、信頼」『二わのことり』 ………… 116
　●第 3 学年の指導と評価　「A 善悪の判断」『よわむし太郎』 ………… 122

- ●第4学年の指導と評価　「C 家族愛」『ブラッドレーのせいきゅう書』……… 128
- ●第5学年の指導と評価　「A 正直、誠実」『手品師』……………………… 134
- ●第6学年の指導と評価　「A 自由と責任」『うばわれた自由』…………… 140

補助簿を活用した学習状況の記述 …………………………………………… 146

道徳性に係る成長の様子の把握 ……………………………………………… 148

道徳科の評価のイメージ ……………………………………………………… 150

第5章 道徳科の評価と指導要録、通知表 ……… 151

指導要録に関わる基本的な考え方 …………………………………………… 152

これまでの指導要録と道徳教育 ……………………………………………… 154
- 1　「行動および性格の記録」と「道徳性の評価」との関連 ……………… 157
- 2　「行動の記録」の変遷 …………………………………………………… 159

指導要録に記載する道徳科の学習状況等 …………………………………… 164

通知表に記載する道徳科の学習状況等 ……………………………………… 168
- 1　通知表と指導要録の関係 ………………………………………………… 168
- 2　道徳科の学習状況等を通知表に示す意味 ……………………………… 169
- 3　道徳科の学習状況等を通知表に示す上での配慮事項 ………………… 169

おわりに ………………………………………………………………………… 175

第 1 章

公教育における教育評価

公教育としての学校教育

　学校教育は、公教育として行われる教育活動です。例えば、小学校は、学校教育法に定められた学校です。法律に定められた学校は、小学校のほか、幼稚園、中学校、義務教育学校、高等学校、中等教育学校、特別支援学校、大学及び高等専門学校があり、これらの学校で行われる教育は公教育です。

　法律に定められた学校が公の性質をもち、国や地方公共団体、法律に定める法人だけが学校を設置することができることは、教育基本法に規定されています。公教育とは、国や都道府県、市区町村などが設置した学校で行われる教育だけではなく、私立学校で行う教育もそれに当たります。つまり、公教育とは、我が国の公的な制度によって行う教育のことで、法令に基づいて教育を行うものなのです。

法令に基づく学校教育

　日本国憲法には、我が国の教育についての基本的な考え方が以下のように示されています。

●日本国憲法
第26条　すべて国民は、法律の定めるところにより、その能力に応じて、ひとしく教育を受ける権利を有する。
2　すべて国民は、法律の定めるところにより、その保護する子女に普通教育を受けさせる義務を負ふ。義務教育は、これを無償とする。

　また、学校教育の大元の法律である教育基本法には、公教育としての基本的な考え方が示されています。具体的には、以下のような条文がありま

す。

●教育の目的
第一条　教育は、人格の完成を目指し、平和で民主的な国家及び社会の形成者として必要な資質を備えた心身ともに健康な国民の育成を期して行われなければならない。

　教育が目指す人格は、当然優れた人格を指すものであり、周囲から尊敬を集めるような気高さという意味合いがあります。それでは、教育を通して、どのように尊敬に値する気高さ、あるいは品位を養っていけばよいのでしょうか。教育基本法では、「人格の完成」を目指すために、五つの目標を掲げています。

●教育の目標
第二条　教育は、その目的を実現するため、学問の自由を尊重しつつ、次に掲げる目標を達成するよう行われるものとする。
一　幅広い知識と教養を身に付け、真理を求める態度を養い、豊かな情操と道徳心を培うとともに、健やかな身体を養うこと。
二　個人の価値を尊重して、その能力を伸ばし、創造性を培い、自主及び自律の精神を養うとともに、職業及び生活との関連を重視し、勤労を重んずる態度を養うこと。
三　正義と責任、男女の平等、自他の敬愛と協力を重んずるとともに、公共の精神に基づき、主体的に社会の形成に参画し、その発展に寄与する態度を養うこと。
四　生命を尊び、自然を大切にし、環境の保全に寄与する態度を養うこと。
五　伝統と文化を尊重し、それらをはぐくんできた我が国と郷土を愛するとともに、他国を尊重し、国際社会の平和と発展に寄与する態度を養うこと。

教育基本法は、学校教育だけを規定するものではありません。学校教育をはじめ、家庭教育、社会教育などにおける教育の実施に関する基本が条文として示されているのです。とは言え、5つの目標を学校教育が重く受け止めることは当然のことと言えます。

　我が国において小学校と中学校（特別支援学校の小学部、中学部を含む。以下同じ）は義務教育とされています。義務教育の目標は教育基本法の第5条の2項に「義務教育として行われる普通教育は、各個人の有する能力を伸ばしつつ社会において自立的に生きる基礎を培い、また、国家及び社会の形成者として必要とされる基本的な資質を養うことを目的として行われるものとする」こととされています。

　教育基本法に基づいて学校制度の基本を定めた法律が学校教育法であり、教育基本法の第5条の2項の義務教育の目的を受けて次のような目標が示されています。

●義務教育の目標

第21条　義務教育として行われる普通教育は、教育基本法第5条第2項に規定する目的を実現するため、次に掲げる目標を達成するよう行われるものとする。

一　学校内外における社会的活動を促進し、自主、自律及び協同の精神、規範意識、公正な判断力並びに公共の精神に基づき主体的に社会の形成に参画し、その発展に寄与する態度を養うこと。

二　学校内外における自然体験活動を促進し、生命及び自然を尊重する精神並びに環境の保全に寄与する態度を養うこと。

三　我が国と郷土の現状と歴史について、正しい理解に導き、伝統と文化を尊重し、それらをはぐくんできた我が国と郷土を愛する態度を養うとともに、進んで外国の文化の理解を通じて、他国を尊重し、国際社会の平和と発展に寄与する態度を養うこと。

四　家族と家庭の役割、生活に必要な衣、食、住、情報、産業その他の事項について基礎的な理解と技能を養うこと。

五　読書に親しませ、生活に必要な国語を正しく理解し、使用する基

礎的な能力を養うこと。
　六　生活に必要な数量的な関係を正しく理解し、処理する基礎的な能力を養うこと。
　七　生活にかかわる自然現象について、観察及び実験を通じて、科学的に理解し、処理する基礎的な能力を養うこと。
　八　健康、安全で幸福な生活のために必要な習慣を養うとともに、運動を通じて体力を養い、心身の調和的発達を図ること。
　九　生活を明るく豊かにする音楽、美術、文芸その他の芸術について基礎的な理解と技能を養うこと。
　十　職業についての基礎的な知識と技能、勤労を重んずる態度及び個性に応じて将来の進路を選択する能力を養うこと。

　これらは義務教育の目標であり、子どもたちが中学校を卒業するまでに身につけることなどを方向目標として示したものです。義務教育においては、目標に示されている資質や能力などが身につくように指導することが求められます。そして、小学校の段階では、義務教育の目標の基礎的な部分を必要な程度指導することを目標とすることが示されています。

　第30条　小学校における教育は、前条に規定する目的を実現するために必要な程度において第21条各号に掲げる目標を達成するよう行われるものとする。
　②前項の場合においては、生涯にわたり学習する基盤が培われるよう、基礎的な知識及び技能を習得させるとともに、これらを活用して課題を解決するために必要な思考力、判断力、表現力その他の能力をはぐくみ、主体的に学習に取り組む態度を養うことに、特に意を用いなければならない。

　なお、この第2項は、学習や評価を考える上での根本となるものと言えます。
　小学校において、義務教育の目標のうち基礎的な部分をどのように指導

したらよいのでしょうか。このことは、学校教育法第33条において、教育課程に関する事項は文部科学大臣が定めることと示されています。文部科学大臣が、法令などを施行するために出す命令を省令と言い、施行規則と言われるものがこれに当たります。学校教育法の効力を実現するためには、これまで述べてきた事柄をより具体化する必要があります。そこで、文部科学大臣がより具体的な定めを出すことが求められるのです。

　小学校教育については、学校教育法施行規則にさまざまな規定があります。小学校の教育課程については、学校教育法施行規則に次のように示されています。

●小学校の教育課程
第50条　小学校の教育課程は、国語、社会、算数、理科、生活、音楽、図画工作、家庭、体育及び外国語の各教科（以下この節において「各教科」という。）、特別の教科である道徳、外国語活動、総合的な学習の時間並びに特別活動によつて編成するものとする。
2　私立の小学校の教育課程を編成する場合は、前項の規定にかかわらず、宗教を加えることができる。この場合においては、宗教をもつて前項の道徳に代えることができる。

●小学校の授業時数
第51条　小学校（第52条の2第2項に規定する中学校連携型小学校及び第79条の9第2項に規定する中学校併設型小学校を除く。）の各学年における各教科、特別の教科である道徳、外国語活動、総合的な学習の時間及び特別活動のそれぞれの授業時数並びに各学年におけるこれらの総授業時数は、別表第一に定める授業時数を標準とする。

●小学校の教育課程の基準
第五十二条　小学校の教育課程については、この節に定めるもののほか、教育課程の基準として文部科学大臣が別に公示する小学校学習

指導要領によるものとする。

　教科などの名称は、施行規則で具体化します。学校教育法における義務教育の目標を見ると、例えば、3項の「我が国と郷土の現状と歴史についての正しい理解」は社会科で行うこと、4項「生活に必要な衣、食、住、情報、産業その他の事項について基礎的な理解と技能」は家庭科で行うなど、どのような教科で指導するかは概ね想像することはできますが、小学校の段階で、国語などの各教科から特別活動までを示したことは、これらの教科の指導を通して、義務教育の目標の基礎的な部分を指導するということなのです。

　そして、それぞれの教科をどの程度の時間行えばよいか、学校教育法施行規則の授業時数は、別表一に示されています。また、どのような指導を行うのかは、文部科学大臣が別途公示する学習指導要領によることになっているのです。各学校において、具体的に指導する教科の目標や内容などは、学習指導要領に示されています。学習指導要領に示されている事項を指導するためには、およそ別表に示した時数が必要ということから標準授業時数としているのです。

図1　授業時数

公教育における教育評価

●別表第一（第五十一条関係）

区分		第1学年	第2学年	第3学年	第4学年	第5学年	第6学年
各教科の授業時数	国　　語	306	315	245	245	175	175
	社　　会			70	90	100	105
	算　　数	136	175	175	175	175	175
	理　　科			90	105	105	105
	生　　活	102	105				
	音　　楽	68	70	60	60	50	50
	図画工作	68	70	60	60	50	50
	家　　庭					60	55
	体　　育	102	105	105	105	90	90
	外 国 語					70	70
特別の教科である道徳の授業時数		34	35	35	35	35	35
外国語活動の授業時数				35	35		
総合的な学習の時間の授業時数				70	70	70	70
特別活動の授業時数		34	35	35	35	35	35
総授業時数		850	910	980	1015	1015	1015

備考
一　この表の授業時数の一単位時間は、45分とする。
二　特別活動の授業時数は、小学校学習指導要領で定める学級活動（学校給食に係るものを除く。）に充てるものとする。
三　第五十条第二項の場合において、特別の教科である道徳のほかに宗教を加えるときは、宗教の授業時数をもつてこの表の特別の教科である道徳の授業時数の一部に代えることができる。（別表第二から別表第二の三まで及び別表第四の場合においても同様とする。）

公教育における教育評価の根拠

1 学校教育法と学校評価

　公教育として行う学校教育では、それぞれの学校において折々に自校の教育活動を振り返り、その成果と課題を明らかにして次年度の教育の目標、内容、方法等の改善・充実を図る活動を行っています。このことは、一般的に「学校評価」と言われています。教育目標を設定して、具体的な教育活動を実施したとすれば、その成果や課題を明らかにして、よりよい教育活動を目指そうとすることは当然のことです。このことが法令によって明確にされたのは、平成19（2007）年6月の学校教育法の改正です。この改正では、同法第42条において学校評価に関する根拠となる規定を、第43条において学校の積極的な情報提供についての規定を新たに設けました。具体的には、次のとおりです。

　第四十二条　小学校は、文部科学大臣の定めるところにより当該小学校の教育活動その他の学校運営の状況について評価を行い、その結果に基づき学校運営の改善を図るため必要な措置を講ずることにより、その教育水準の向上に努めなければならない。

　第四十三条　小学校は、当該小学校に関する保護者及び地域住民その他の関係者の理解を深めるとともに、これらの者との連携及び協力の推進に資するため、当該小学校の教育活動その他の学校運営の状況に関する情報を積極的に提供するものとする。

　これらの条文は、小学校以外の学校にも準用されています。
　学校教育法の改正を受けて、同年10月に「学校教育法施行規則等の一部を改正する省令」が公布され、「文部科学大臣が定めるところにより」行われる学校評価についての実施及び公表等について定めが示されまし

た。具体的には、次のとおりです。

●第5節　学校評価
第六十六条　小学校は、当該小学校の教育活動その他の学校運営の状況について、自ら評価を行い、その結果を公表するものとする。
2　前項の評価を行うに当たつては、小学校は、その実情に応じ、適切な項目を設定して行うものとする。

第六十七条　小学校は、前条第一項の規定による評価の結果を踏まえた当該小学校の児童の保護者その他の当該小学校の関係者（当該小学校の職員を除く。）による評価を行い、その結果を公表するよう努めるものとする。

第六十八条　小学校は、第六十六条第一項の規定による評価の結果及び前条の規定により評価を行つた場合はその結果を、当該小学校の設置者に報告するものとする。

同年11月の文部科学省初等中等教育局長通知「学校評価に係る学校教育法施行規則等の一部を改正する省令について」において、学校評価に関わる留意事項が次のように示されました。

①学校が自己評価の結果をとりまとめるに当たって、評価結果及びその分析に加えて、それらを踏まえた今後の改善方策について併せて検討することが適当であること
②自己評価の結果の公表内容については、評価結果及びその分析に加えて、それらを踏まえた今後の改善方策について併せて公表することが適当であること
③公表方法については、学校便りへの掲載、PTA総会等の機会を活用した保護者に対する説明の実施など、当該学校の保護者に対して広く伝えることができる方法を講じること、また、学校のホームページへの掲

載、地域住民等が閲覧可能な場所への掲示など広く地域住民等に伝えることができるようにすることが適当であること

これらは、学校の教育活動の充実のための、教育課程の経営であるカリキュラム・マネジメントと捉えることができますが、学校の自己評価の資料として、学習評価が重要であることは言うまでもありません。

2 学校評価ガイドライン

学校評価に関わる法的根拠は前述のとおりですが、それ以前も各学校においては学校評価が行われてきました。文部科学省は、学校評価の充実に資するため、平成14〜16年度に、「学校評価システムの確立に関する調査研究」を各全都道府県・政令指定都市に委嘱して実施しました。

また、経済財政政策に関する重要事項について調査・審議するために内閣府に設置された経済財政諮問会議は、平成17（2005）年6月の「経済財政運営と構造改革に関する基本方針2005」を閣議決定しました。その中で、今後の教育改革を推進するために、評価の充実、多様性の拡大、競争と選択の導入の観点を重視し、義務教育について、学校の外部評価の実施と結果の公表のためのガイドラインを平成17年度中に策定することが示されたのです。

なお、この閣議決定では、平成17年秋に学習指導要領見直しの基本的な方向性をまとめることや、児童生徒の学力状況の把握・分析に基づく指導方法の改善・向上を図るため、全国的な学力調査の実施など適切な方策について、速やかに検討を進め、実施する旨も示されています。

また、同年10月の中央教育審議会答申「新しい時代の義務教育を創造する」においても学校評価について言及しています。具体的には、学校評価は教育活動の自律的・継続的な改善および「開かれた学校」として保護者や地域住民に対し説明責任を果たすことを目的として、自己評価を中心に行われています。そこで、学校評価のさらなる充実のために、学校・地方自治体の参考に資するよう大綱的な学校評価のガイドラインを策定し、自己評価の実施とその公表をすべての学校で行われるよう義務化すること

が必要であるとしたのです。

　これらを踏まえて、文部科学省は、平成18（2006）年3月に「義務教育諸学校における学校評価ガイドライン」を策定しました。このガイドラインは、学校評価の目的や手順、手続き、あるいは学校としての説明責任に関わることなどが主に示されていますが、学校の教育活動の評価に関わる指標も例示されています。

　例えば、教育課程・学習指導に関わる評価指標は次のとおりです。
・指導目標、指導計画、授業時数などの教育課程の編成・実施の状況
・児童生徒の観点別学習状況の評価及び評定の結果
・学力調査等の結果
・運動や体力に関する調査の結果
・児童生徒による授業評価の結果
・説明、板書、発問など、各教員の授業の実施方法
・視聴覚教材や教育機器などの教材・教具の整備と活用状況
・体験的な学習や問題解決的な学習、児童生徒の興味・関心を生かした自主的、自発的な学習の促進状況
・個に応じた指導の充実状況（個別指導やグループ別指導、学習内容の習熟の程度に応じた指導、児童生徒の興味・関心等に応じた課題学習、補充的な学習や発展的な学習などの学習活動を取り入れた指導、教師の協力的な指導等）
・授業や教材の開発における外部人材の活用状況
・地域の自然や文化財、伝統行事などの教育資源の活用状況
・学校図書館の計画的利用及び読書活動の状況
・観点別学習状況の評価及び評定の客観性、信頼性の確保状況
・授業研究の実施状況

　また、生徒指導に関わる評価指標は、次のとおりです。

・生徒指導体制の整備状況
・豊かな人間関係づくりや規範意識の向上等に向けた指導の状況

・教育相談体制の整備状況
・非行防止教室の実施状況
・家庭・地域社会・関係機関等との連携状況
・問題行動等の状況及びそれへの対応状況
・児童生徒を対象とした生活習慣に関する調査の結果

　ガイドラインには、これらの評価指標に関わる評価方法は具体的に示されていませんが、各学校が創意工夫を凝らして教育目標の達成を目指した教育活動の充実に資する役割を担っていたものと言えるでしょう。このガイドラインは、この後、平成22年、平成28年に改訂されることになります。

【参考文献】
　「義務教育諸学校における学校評価ガイドライン」平成18年　文部科学省

第2章 学習指導要領と学習評価

中央教育審議会答申における学習評価の考え方

　今次の学習指導要領等の改正に向けて、文部科学大臣の諮問を受けた中央教育審議会は、審議を重ね、平成28年12月21日に「幼稚園、小学校、中学校、高等学校及び特別支援学校の学習指導要領等の改善及び必要な方策等について」答申を出しました（以下「答申」という）。その中で、学習評価の考え方については、第9章「何が身についたか－学習評価の充実－」として示しています。以下にその概要を記すことにします。

1　学習評価の目的と基本的な考え方

　答申においては、学校の教育活動に関し、学習評価を子どもたちの学習状況を評価するものとして、子どもたちにどのような力が身についたかという学習の成果を的確に捉えることとしています。そして、教員が指導の

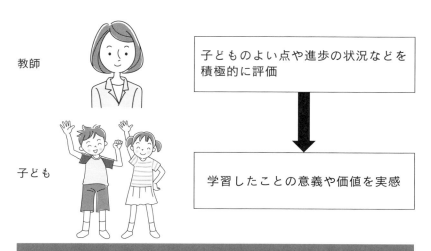

図2　学習評価の目的

改善を図るとともに、子どもたち自身が自らの学びを振り返って次の学びに向かうことができるようにすることを目的に行うものと示しています。

そして、学習評価の考え方として、子どもたちの学習状況を評価するために、教員は個々の授業のねらいをどこまでどのように達成したかだけではなく、子どもたち一人一人が、前の学びからどのように成長しているか、より深い学びに向かっているかどうかを捉えていくことが必要であると述べています。

さらに、子どもの学びの評価にとどまらず、「カリキュラム・マネジメント」の中で教育課程や学習・指導方法の評価と学習評価を結びつけ、学習評価の改善を、教育課程や学習・指導の改善に発展・展開させること、そして授業改善および組織運営の改善に向けた学校教育全体のサイクルに位置づけていくことが必要であるとしています。

2 評価の三つの観点

現在、各教科については学習状況を分析的に捉える「観点別学習状況の評価」と、総括的に捉える「評定」とを、学習指導要領に定める目標に準

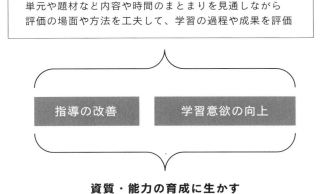

図3　学習状況の評価の観点

拠した評価として実施することが求められています。

　評価の観点は、従来の４観点の枠組を踏まえつつ、学校教育法第 30 条第 2 項が定める学校教育において重視すべき三要素（「知識・技能」「思考力・判断力・表現力等」「主体的に学習に取り組む態度」）を踏まえて再整理され、現在、「知識・理解」「技能」「思考・判断・表現」「関心・意欲・態度」の四つの観点が設定されているところです。

　今回の改訂では、資質・能力の育成を目指して「目標に準拠した評価」を実質化するため、すべての教科において教育目標や内容を、①知識及び技能、②思考力、判断力、表現力等、③学びに向かう力、人間性等の資質・能力の三つの柱に基づいて再整理することとしています。

　また、答申では、小・中学校を中心に定着してきたこれまでの学習評価の成果を踏まえつつ、目標に準拠した評価をさらに進めることとしています。そのため、観点別評価については、教育目標や内容の再整理を踏まえ、目標に準拠した評価の実質化や、教科・校種を超えた共通理解に基づく組織的な取組を促すために、小・中・高等学校の各教科を通じて、「知識・技能」「思考・判断・表現」「主体的に学習に取り組む態度」の３観点に整理し、指導要録の様式を改善することが必要であるとしています。

　「学びに向かう力・人間性等」として示された資質・能力には、感性や思いやりなど幅広いものが含まれますが、これらは観点別学習状況の評価になじむものではないため、評価の観点としては学校教育法に示された「主体的に学習に取り組む態度」を設定し、感性や思いやり等については観点別学習状況の評価の対象外とする必要があることが強調されています。

　さらに、答申では、「主体的に学習に取り組む態度」と、資質・能力の柱である「学びに向かう力・人間性等」の関係は、「学びに向かう力・人間性等」には「主体的に学習に取り組む態度」として観点別評価（学習状況を分析的に捉える）を通じて見取ることができる部分と、観点別評価や評定にはなじまず、こうした評価では示しきれないことから個人内評価（個人のよい点や可能性、進歩の状況について評価する）を通じて見取る部分があることに留意する必要がある旨を示しています。

　こうした考え方は、道徳教育における評価を考える上で重視する必要が

あるでしょう。

3 評価に当たっての留意点等

　答申における学習評価についての留意事項として、「目標に準拠した評価」の趣旨から、学習指導要領における各教科等の指導内容が資質・能力を基に構造的に整理されることにより、評価の観点は明確化されるとしています。そのため、従来のように学習指導要領の改訂後に学習評価について検討するのではなく、学習指導要領等の在り方と一体として考え方をまとめることとしています。こうした考え方に立って、指導要録の改善・充実や多様な評価の充実・普及などを検討することを求めているのです。

　具体的な評価の観点に関わる留意事項として、「主体的に学習に取り組む態度」は、学習前の診断的評価のみで判断したり、挙手の回数やノートの取り方など形式的な活動で評価したりするものではないとしています。子どもたちが自ら学習の目標をもって学習状況を見直しながら学習を進め、その過程を評価して新たな学習につなげるといった学習に関する自己調整を行いながら、粘り強く知識・技能を獲得したり思考・判断・表現しようとしたりしているかどうかという、意思的な側面を捉えて評価することが求められています。

　また、資質・能力のバランスのとれた学習評価を行っていくためには、指導と評価の一体化を図る中で、論述やレポートの作成、発表、話合い、作品の制作等といった多様な活動に取り組ませるパフォーマンス評価などを取り入れ、ペーパーテストの結果だけでなく、多面的・多角的な評価を行っていくことの必要性を示しています。

　さらに、学習評価は、総括的な評価だけでなく、一人一人の学びの多様性に応じて、学習の過程における形成的な評価を行い、子どもたちの資質・能力がどのように伸びているかを、例えば、日々の記録やポートフォリオなどを通じて、子どもたち自身が把握できるようにしていくことも考えられるとしています。

　このような考え方の基に改正された学習指導要領においては、第1章総則で学習評価について言及しています。

学習指導要領における学習評価

1 学習指導要領の性格

　学習指導要領は、我が国において全国のどこの学校で教育を受けても一定の水準の教育を受けられるようにするために、学校教育法等に基づいて設定された、各学校において教育課程を編成する際の基準としての役割を担っています。学習指導要領には、学校種ごとに、それぞれの教科等の目標や大まかな教育内容を定められています。

　平成29年の学習指導要領改訂においては、この考え方に立って、学習指導要領に前文を設けて、学習指導要領の意義を説明しています。

　はじめに、教育の根本精神である教育基本法の第1条の教育の目的、第2条の教育の目標を引いて、今後の学校における教育課程についての考え方を述べています。

　具体的には、今後の学校は、教育の目的の実現や目標の達成を目指して、個々の子どもが自分のよさや可能性を認識することが大切としています。そして、他者を価値のある存在として尊重し、多様な人々と協働しながらさまざまな社会的変化を乗り越え、豊かな人生を切り拓き、持続可能な社会の創り手となることができるようにするために必要な教育の在り方を具体化することが、各学校において教育の内容等を組織的かつ計画的に組み立てた教育課程であるとしています。

　また、社会に開かれた教育課程について、各学校が教育課程の実施によりこれからの時代に求められる教育を実現していくために、よりよい学校教育を通してよりよい社会をつくるという理念を学校と社会とが共有することが大切であるとしています。そして、各学校において必要な学習内容をどのように学び、どのような資質・能力を身につけられるようにするのかを教育課程の編成、実施を通して明確にしながら、社会との連携・協働によりその実現を図っていくことを重視しています。

　学習指導要領の役割については、開かれた教育課程の理念を実現するた

めに必要な基準を大綱的に定めるものとして、公教育の教育水準を全国的に確保することとしています。そして、各学校が特色を生かして創意工夫を重ね、長年にわたり積み重ねられてきた教育実践や学術研究の蓄積を生かし、子どもや地域実態を捉え、家庭や地域社会と協力して教育活動の更なる充実を図っていくことが大切であると記しています。

また、学校に関わるすべての大人に期待される役割として、子どもが学ぶことの意義を実感できる環境を整え、一人一人の資質・能力を伸ばせるようにしていくことを掲げています。その上で、子どもの学習の在り方を展望していくために広く活用されるものとなることを期待して学習指導要領を定めるとしています。学習指導要領の性格は教科の目標や大まかな教育内容から資質・能力を論及する大綱となっているのです。

学校教育において教育評価や学習評価を考える場合には、学校の教育課程の基盤である学習指導要領において、これらの評価についてどのような考え方をしているのかを押さえることが何よりの大切なことです。

そこで、次に、これまで学習指導要領における教育評価や学習評価について概観します。

2 学習指導要領における学習評価の変遷

学習指導要領は、学校における教育課程を編成する際の基準としての役割を担っていますが、昭和22（1947）年の学習指導要領（試案）以来、学習評価に関わる事項が示されています。そこで、学習指導要領における学習評価に関わる記述を考察することにします。

●昭和22年　学習指導要領一般編（試案）

戦後、新たな学校教育を展開するに当たり、教育基本法、学校教育法などの教育関係法令が整備され、学校教育の指針としての学習指導要領試案が示されました。

この試案は、学校教育に一定の目標があることを踏まえながらも、各学校が地域社会の特性や、学校の実情、さらに子どもの特性に応じて、教育内容を考え、指導方法の工夫を講じることが必要であるとしています。そ

して、子どもの要求と社会の要求とに応じて教育課程（当時は教科課程）をどう編成し、実施すればよいのかを教師自身が研究する手引きとするため試案が示されたものとしています。

この中では、学習評価に関わることとして、子どもの学習状況の把握に関する事項を「学習結果の考査」という章を立てて説明しています。考査にはいろいろと調べて判断すること、あるいは、学校で子どもの学習到達度を調べるために行われる試験といった意味がありますが、ここでは前者を意味しています。その概要は次のとおりです。

学習指導の際には、学習環境を整えて子どもの学習意欲を喚起し学習目標に向けた学習活動を促していくことが大切であり、こうした学習活動を行うことで学習目標に近づいていきます。これは、教師と子どもの共同によるものですが、問題は、子どもにどのように学習の効果が見られたかを把握することであるとしています。

そして、子どもが学習指導によってどのように変容したかを明らかにすることが大切であり、そのためには教材、教師の学習環境の設定や学習意欲の喚起などの指導方法が適切であったかを反省し、今後の学習目標の設定などを明確にすることが一層の学習成果につながるとしています。このことが学習結果を考査する上で大きな意味があるということです。

学習結果の考査を子どもの側から考えると、子どもが自らの学習状況を知ることで自分の学習が目標にどれだけ近づいているかを明確にする機会となり、これにより自分自身の学習を振り返り、改善するための課題を見いだす上で大切な意味があるとしているのです。

また、学習成果の考査は、学習の結果を正しく見るだけでなく、学習目標に照らしてどうであったかを正しく調べることが必要とするなど、指導と評価の一体化にも言及しています。

そして、学習目標に照らした考査の対象としては次のようなものを挙げています。

ア　知識の有無正否
イ　考え方や見方の理解
ウ　技能の状態

エ　熟練の状態
オ　態度の如何
カ　鑑賞力

　方法としては、指導の目標の違いにより、総合的方法と分析的方法とに区別して主なものを以下のように説明しています。

(1)知識と考え方の考査

　学習には、知識の獲得を目指す学習だけではなく、考え方を養うことを目指すものがあると言われています。これまでは、ともすると考え方を軽視して知識の獲得が重視され、学習することは暗記することであるかのように考える傾向があったことから、考え方を視点として考査例を示しています。

①総合的な考査法
考査の態様

　総合的方法は、知識、理解や考え方といった区別をせずに、また関係し合っている知識を個々に見るのではなく学習状況を全体として見ようとするものです。

　その方法には次のようなものがあります。
ア　日常の子どもの学習状況をさまざまな機会に見て、これらを全体として、その学習の状況を判定するもの。
イ　学習帳等を調べて、その全体について学習の状況を判定するもの。
ウ　知識や考え方が全体として働くような問題を提出して、報告や論文を書かせ、これで学習状況を判定するもの。
エ　多様な知識や考え方が全体として働く問題を提出して、口答させたり、筆答させたりして学習状況を判定するもの。
　　ウと異なるところは、問題の性質が比較的簡単で、その答も簡単にできるというだけです。例えば「鎌倉時代の武士の生活と農民の生活との違いを述べ、そのわけを答えなさい」といったようなものとしています。これまでの考査に用いられた問題の多くはこれに当たると説明して

います。

総合的な考査法の長所と欠点

　考え方と知識は関係し合い、知識全体としてまとまりをもっているので、前述のような総合的な方法は適切であるとしています。しかし、子どもの学習状況を明確に把握するためには、どのような側面がどのような状況であるかを明らかにする必要があるため、全体として見るだけでは今後の子どもの指導を考えることが困難になります。

　例えば、算数の問題を出して、その答の正否で学習状況を判定するものなどは総合的な考査法と言えますが、考え方に誤りがあるのか、計算に誤りがあるのかを確かめないと、今後子どもをどのように指導したら効果が上がるかを考えることはできません。さらに、総合的な方法は、その全体の印象から判定すると主観的になりがちで、個々の子どもの判定に大きい差異が出てくることが懸念されます。これも考査が正しく学習状況を調べなくてはならないという点からすると一つの欠点であるとしています。

総合的方法を正しく用いる上の注意

　この方法を用いるのは学習の目標が総合的なものにある場合ですが、考査の条件から見て次のような注意が必要になります。

ア　判定を客観的にする工夫

　全体の印象によって漫然と判断すると主観的になるため、記述尺度の方法を参照して客観的に判定できるように工夫する必要がある。

イ　内容の要点を明確にすること

　全体を全体として見るだけでは、学習状況を把握するには十分ではないため、この全体から個々の要点を取り出して、それによって見れば、効果的に学習状況を明確にさせることができる。

ウ　分析的方法を併用すること

　全体の関係し合った状態を見ると同時に、それぞれの部分について分析的方法によって考査し、これらを照らし合わせて学習状況を調べると、総合的な方法の長所を発揮させるとともに、それぞれの部分についての学習

状況を明らかにすることができる。

②分析的な考査法
　この方法は、学習状況をそれぞれの部分に分けて見ようとするものです。主として知識の有無や正否を見ようとするものと考え方の理解を見ようとするものとに分けることができるとしています。これらは関係し合っているため、全く切り離して見ることはできませんが、次のように分けて見ることができるとしています。

知識を調べる方法
　知識を調べる主な方法として、再生法、選択法、真偽法、組み合わせ法、記録法、図解法を例示しています。

考え方の理解を調べる方法
　考え方の理解を調べる方法としては、完成法、訂正法、作文法、排列法、判定法を例示しています。

(2)技能についての考査
　知識の考え方はその有無正否が明確なため、その考査は比較的容易です。そのため、客観的な判定も可能で採点も容易であるとしています。しかし、話し方や作文、図画、工作、習字、音楽などのような技術的なものの考査は容易ではないとして、技能の学習状況を考査する主な方法として、品等法、記述尺度法を例示しています。

(3)熟練の程度の考査
　知識や考え方や技能がどのように学習されているかは、単にその有無や正否だけでなく、熟練しているかどうかを把握することも大切であるとしています
　熟練とは、学習したことについて習得した知識や技能を生かして具現化することと考えることができます。この熟練の考査については、知識や考

え方や技能が学習を行う中でどのように表れているのかを見る必要があります。

具体的には、知識や考え方の熟練の度合いを調べるには多数の問題を一定時間に課して解答させ、その答の数と正答数とを調べ熟練の程度を考査することを挙げています。これは速度（回答数）と正確度（回答数で正答数を除したもの）で熟練の状態を示すということです。これによって「速くて正確だ」とか「速いが不正確だ」ということが把握できます。技能についても簡単なものはこれと同じ方法が考えられますが、読み方や歌唱や器楽や絵画・工芸など複雑なものは一つの作品の製作時間とその作品の質とを勘案してその熟練の度を判定することを例示しています。

(4)態度の考査

学習指導の目指すものの一つとして態度の形成を挙げています。友達に対する態度とか、研究的な態度とか、勤労の態度を例示しています。これらも、その指導をする以上、その結果を明らかにして指導の効果を上げるように努める必要があるということです。

態度の考査は、態度そのものの性質が複雑であるため適切な方法を得ることは容易ではないとしながらも、態度が技能のもつ性質と類似したものがあるので、その考査方法を用いることができるとしています。具体的には、ある態度について、子どもの氏名を記したカードを用いた品等法によって行えば、子どもの状態を順序づけることができるとしています。また、記述尺度法によってある態度の記述尺度をつくり、これで子どもの態度を判定すればその状態を明らかにすることができるともしています。

その一例として「公共心」についての記述尺度が以下のように示されています。なお、右の括弧内の数字は採点する場合の点数を表しています。

・大勢のためになることをするように他人をも導く。(10)
・大勢のためになることをさがしてする。(9)
・大勢のためになると知ればすぐにする。(7)
・大勢のためになると気がついても、時としてしないことがある。(5)

・大勢のためになると気がついても、すておくことが多い。(3)
・大勢のためになることをすることを嫌う。(1)
・大勢のためになることをしている人を見るとあざける。(0)

　態度の考査で注意すべきこととして、このような態度には社会的な性質があるため、相手によってその表れ方が違う場合があるということを挙げています。教師に対してはともすると反抗するが、友達には親切であるとか、教師の前ではだまっているが、友達の間ではよくしゃべるといった違いなどを例示しています。教師だけが子どもの態度をいかに評定しても、それだけではその子どもの態度を把握したと言うには不十分であり、発達の段階により他人の態度について考えることができるようになったときには、子どもの評定を参考にすることも大切であるとしています。この場合には、記述尺度によって子ども同士の相互の評定も考えられ、いろいろな態度の型として、
・むらがなく毎日こつこつ勉強する人
・勉強するときは非常な勢いでするが、日頃はあまりやらない人
・いつもあまり勉強すると思えない人
　このようなものをつくって、子ども同士その型の代表的だと思われる人の名を記させるような方法も考えられるとしています。なお、このような手法は、ゲス・フーテストと言われるものです。

(5)鑑賞力の考査
　学習の目指すところの一つに、鑑賞力を高めることがありますが、鑑賞力がどれだけ指導によって向上したかを考査することは、鑑賞そのものの性質上、感情の響きを示すようなもので分析的に捉えることが相当に困難であるとしています。あえて方法を挙げれば、並立比較法、順位比較法があるとしています。

●昭和 26 年　学習指導要領一般編（試案）

　昭和 26 年の学習指導要領一般編（試案）においても、評価についての記述がかなりの分量で示されています。一般編とは、現在の学習指導要領における総則に当たる部分です。ここでは、教育課程の評価と学習成果の評価を紹介します。

(1) 教育課程の評価はなぜ必要か

　各学校においては、個々に教育課程がつくられ、それに基づいて教育が行われていますが、この教育課程は絶えずその構成の原理や実際の指導に鑑みて、それが適切であったか否かを評価する必要があるとしています。また、評価と言うと学習成果の評価のみを考えがちですが、教育はあらゆる側面にわたって絶えず評価される必要性があることを示しています。教育課程を評価することにより、その教育課程の目指している教育目標がどの程度達成されたかを知ることができ、教育課程の改善と再構成の仕事の資料を得ることができるとしています。

　教育課程は、絶えず評価することによって常に改善されることになるため、教育課程の評価と改善は連続したものであり、切り離して考えることはできないといった指導と評価の一体化にも言及しています。そして、教育課程の評価は、その計画、展開とともに、子どもの学習を効果的に進めていく上で欠くことのできないものと示しています。

(2) 教育課程の評価は誰が行うか

　教育課程の評価は、直接にその計画に参加した人々の責任で行われなければならないとしています。

　教育課程を実際に展開するのは個々の教師と子どもであり、学習指導要領やその他実施のための手引書をどのように生かしていくかは、教育を実践する個々の教師の責任にかかっているとしています。その意味で、自ら実施した教育活動をあらゆる機会において絶えず検討し、評価し改善していく責任が個々の教師には課せられていると示されています。

　一方で、教育課程の評価はきわめて広い範囲から行わなければならず、

広い視野に立って多くの人々の実際の経験や意見を基に行われる必要があることから、個々の教師の評価のみでなく、校長、また、当該地域の教育課程について責任をもつべき指導主事、教育長なども参加するなど、多くの教師の協力によって行われる必要性を述べています。さらに、教育課程の評価は専門的知識を必要とすることがあるから、教育課程についての専門家の援助を受けることも必要であるとしています。

(3)評価の着眼点

　教育課程の評価は、それが子どもの望ましい成長発達にどの程度寄与できたかという有効性に関して行われなければならないとして、次のような着眼点を示しています。

①教育的な成果から行なう評価

　教育課程の展開に伴い、具体的に成果を評価する直接的な方法の一つとして、教育的成果についての観察や分析を挙げています。教育的成果は多方面にわたっているため、子どもが身につけなければならない理解、知識、態度、習慣、技能、鑑賞などの発達が、望ましくなされたかどうかをはっきり捉えて、教育課程が有効であったかどうかを評価しなければならないとしています。教師は、観察、テスト、行動記録、面接、質問紙法などの多様な方法を用いて得た学習及び行動の記録を基に、それらの結果を適切に解釈し、望ましい結果や望ましくない結果をひき起した原因を究明していくことが必要であると示しています。

②実験研究によって行なう評価

　教育課程の改善を有効適切に進めるための方法として、実験研究を挙げています。具体的には、実験的方法による評価について実施した結果を適切な方法を用いて比較研究することによって、教育課程を多面的に見ることができ、その利害得失が明確に評価されるとしています。

③外部的な要素による影響の分析

学校において教育課程を構成する際には、何らかの外部的な要素によって影響されることがあるため、その影響を知ることは、教育課程の評価の一つの観点となるとしています。その外部的要素については、次のようなものを挙げています。

ア　地域社会の人々の影響

教育課程の構成に当たって、地域社会の人々の教育に対する意見を聞いたり、教育課程を構成するための委員として加えたりすることは適切な方法であるとしつつ、それらの意見をそのまま取り上げるのでなく、その背景にあるものをよく吟味し、教育的な見地からよく検討した上で採用されるべきとしています。そして、それらはある特定の政党の意見や個人の利害に基づいて述べられる場合が往々にしてあることから、参考意見としての範囲内にとどめておくべきとしています。

イ　入学考査

上級学校への入学考査は下級学校の教育課程に大きな影響を与えやすく、ともすると学校では上級学校への入学を優先するあまり、その教育課程も誤った受験本位のものになりやすい傾向があるとしています。入学考査のためにその学校の目的や機能がゆがめられることがあってはならないとして、進学指導を考慮に入れた教育課程の構成は大切であるが、受験準備のみに重点を置かないような配慮を求めています。したがって、入学考査からどの程度影響を受けたかということは、その学校の教育課程の評価の大切な着眼点であることが示されています。

ウ　地域社会の伝統

社会の文化遺産や伝統の価値や意味を子どもに理解させ、それをよりよく発展させていくように教育課程は計画されなければならないとしています。しかし、それらは必ずしも適切なものばかりとは限らないとして、それぞれの学校の教育課程が、社会の文化遺産や伝統などの要素にどのよう

に影響されているか、それらをどのように取り上げているかを評価することは大切であると示しています。

エ　地域社会の職業的な経験

　教育課程、とくに中学校の教育課程は地域社会の職業によって影響されることが多いとして、人間は自分の従事する職業を通して自己を形成するとともに、社会の発展に寄与・貢献するのであるから、教育課程を考える場合に職業的経験が重要なものとして取り扱われることは当然と述べています。しかし、職業の種別や状態は、社会状勢の変化に伴って推移していくものであり、現在の地域社会にみられる職業の種別や状態にのみとらわれることなく、社会におけるさまざまな職業に適応できるようにするなど、職業的経験が準備される必要性が示されています。

オ　教育課程の進歩を促す好ましい外部的要素

　教育課程の進歩・改善を促すよい外部的要素として、文部省や教育委員会が作成した手引書や研究会、ワークーショップなど、また、直接、間接に学校に行う指導を挙げ、これらが教育課程の進歩・改善に資するものとしています。各種の研究記録、教育課程についての報告書、指導計画、実践記録などは、教育課程を改善するための大切な参考資料であるとしています。

　各学校が教育課程を構成したり改善したりする際には、これらの外部的な要素の影響を直接、間接に受けて、必要な知識を得たり、教育的な考え方を深めたりしていることから、各学校の教育課程の評価の大切な着眼点となると示されています。

④地域社会に与える影響から見た評価

　教育課程は地域社会の改善にも役立つような有効な教育計画としての性格をもつことが望ましいとしています。

　したがって、教育課程の実施に伴って、教育課程が地域社会の生活にどのような影響を及ぼしたか、また及ぼしつつあるかということに着目して、教育課程の評価を行うことが必要であると述べています。このような

影響は、すぐに現れるものではなく、またすぐに把握できるものではないとしつつ、優れた教育課程は子どもの地域社会における行動の変化をもたらし、多かれ少なかれ地域社会の生活によい影響を与えるとしています。

⑤指導法から見た評価

　教育課程と指導法とは、密接に結びついて、切り離すことはできません。このことから、教師の指導法の進歩によって教育課程の改善を促すことにつながると考えられます。教育課程の展開の各段階に応じて、好ましい指導の方法を研究し、それを実施し得たかどうかによって、教育課程を評価することができるのです。これは実践をとおしての教育課程の評価であって、教師自らの活動を分析してみることによって可能となります。

⑥教育課程の改善に至った導因及びそれに用いた方法の評価

　教育課程の改善は、個々の教師が自分の担当する学級の学習状況を改善しようとする工夫や努力を基に行われるのが望ましいとしています。流行を追ったり他から強制されたりして、拙速に改善しようとするような態度は避けられなければならないと示しています。したがって、教育課程の評価の着眼点として、教育課程の改善が、学校や教師のどのような切実感から行われたものであるか、改善の導因は何であったか、どのような手順や方法で改善が行われたかというようなことを例示しています。

　教育課程の評価における着眼点を例示していますが、他の着眼点をも考慮することを奨励するとともに、教育課程の充実に向けて教師間の協力の重要性を述べています。

(4)学習成果の評価

　子どもの望ましい成長・発達を援助するためには、教育課程の構成や学習指導法についての努力や工夫が必要です。教育課程や学習指導法が、子どもの望ましい発達に寄与したか否かは、子どもに望ましい思考や行動の変化が起ったかどうかによって判断されます。そのため、個々の子どもの思考や行動が、教育目標に照らしてどのように変化したか、そして、それ

は民主的な社会の進歩に対してどんなに役立ったかを絶えず反省していくことが、学習成果の評価の本来の意味であるとしています。

　このような評価を絶えず行うことによって、子どもの進歩の程度が把握できるとともに、指導法や教育課程が適切であったか否かを確認できるとしています。したがって、評価を行うことによって、個々の子どもの学習成果を知り、今後の指導の方向性を明確にしたり、指導計画を改善する手がかりを見いだしたりでき、学習指導の効果を一層高めることにつながると示しています。

　一方、学習の成果の評価を学習する子どもの側に立って考えてみると、自分の学習がその目標にどれだけ近づいているかを明確にする機会となり、今後の学習をどのように行うべきかを考える材料を得ることができ、学習の効果を上げる工夫をすることにつながるとしています。さらに大切なこととして、子どもは自分自身の学習について自己評価を行うことで自分の学習に対する評価の眼を養うことができ、ひいては民主的な社会の成員としてのよい資質を得ることができると述べています。

　このような評価は、教育の効果を高めるために欠くことのできないものですが、学習成果の評価を適切に行うためには、評価の観点を教師が適切に捉えなければならないとしています。評価の観点は、指導の目標と表裏一体の関係をなすものなので、教師としては、指導計画の立案の際に、指導目標を具体的かつ明確にする必要があります。学習成果の評価が、往々にして形式的になったり、その要点を失ったものとなったりするのは、指導の目標を学習の対象・教材の性質に応じて、具体的に分析して明確にしていないことに基づくことが多いことを要因としています。

　また、評価は、評価対象に対して正しく行うことが重要で、特に教育の目標が単に子どもの知識や技能を高めることだけでなく、民主的な生活の仕方を習得させようとする場合、評価の対象は広く人格の発達の各方面に求めなければなりません。そこで、単に知識や技能の進歩の状況を客観的に調べる方法だけでなく、全体的に人格の発達をも判断できる方法を用いねばならないことから、各種の評価方法を評価の目的に照らして適切に用いるとともに、常に人格の全体的発達の観点から、これを総合的に判定す

ることを忘れてはならないと述べています。

　各種の評価の方法は、それぞれの特色とともにそれぞれの限界があるため、どの評価の方法も一つだけでは完全とは言えず、多くの評価の方法を研究しその長所と短所とを知り、いくつかの方法を併用することで、学習の成果を多方面から正しく捉えるように努めなければならないと配慮を求めています。

　そして、個々の評価の方法については、前述の昭和22年度の学習指導要領一般編や文部省から発行された手引書などを参照することを推奨しています。

　昭和33年の改訂から学習指導要領は教育課程の基準としての性格の明確化され、文部大臣の告示という形になりました。そのため、昭和33年以降、平成20年の改訂までは教育評価に関わる記述は基本的な考え方のみを示すようになります。

　具体的には以下のとおりです（小学校学習指導要領から）。

●昭和33年以降の学習指導要領における評価

昭和33年　第1章総則　第2の2の(7)
　指導の成果を絶えず評価し、指導の改善に努めること。

昭和43年　第1章総則　第1の8の(6)
　指導の成果を絶えず評価し、指導の改善に努めること。

昭和52年　第1章総則　8の(4)
　指導の成果を絶えず評価し、指導の改善に努めること。

平成元年　第1章総則　第4の2の(9)
　指導の過程や成果を評価し、指導の改善を行うとともに、学習意欲の向上に生かすよう努めること。

平成10年　第1章総則　第5の2の(10)
　児童のよい点や進歩の状況などを積極的に評価するとともに、指導の過程や成果を評価し、指導の改善を行い学習意欲の向上に生かすようにすること。

平成20年　第1章総則　第4の2の（11）
　児童のよい点や進歩の状況などを積極的に評価するとともに、指導の過程や成果を評価し、指導の改善を行い学習意欲の向上に生かすようにすること。

　昭和33年以降の教育評価の具体的な考え方は、「小学校指導書　教育課程一般編」に、平成10年からは「学習指導要領解説　総則編」に示されるようになりました。
　参考のために、昭和53年の「小学校指導書　教育課程一般編」に示された評価に関わる記述を紹介します。ここでは、教育課程の評価と改善と章立てして教育課程の評価の意義についておおむね次のように説明しています。

　教育課程の評価とは、学校の教育目標を効果的に達成するために教育課程の編成と実施が適切に行われたかどうかを確かめ、改善の方策を立てることです。教育課程の評価のねらいは、教育課程の編成、実施をより適切なものにするための資料を得て、改善すべき方向と改善点を各学校の実情に即して明らかにすることです。
　評価の対象は、教育課程の編成から各教科等の指導計画、指導方法などに及びます。また、教育課程を編成、実施のために学校の運営上どのような配慮を加えたかということも対象とすることが大切です。
　教育課程を評価では、望ましい教育課程の編成、実施のために学校の教育目標が教育課程に十分に反映されているかどうか、また、両者の結びつきが適切になされているかどうかを、評価の観点を立てて客観的に行うことが必要です。
　教育課程の評価は、編成、実施及び成果について観点を定めて全教師の共通理解の下に計画的かつ組織的に行うことが求められます。評価の観点それぞれに観点別に評定の基準、尺度を設けておくことが有効であるため、日頃から評価の方法を研究し開発していく努力も求められます。
　評価の観点の主なものとしては、次の諸点が挙げられます。

(1) 教育課程の編成の基本に関する評価の観点
- 関係法令や学習指導要領に従っていること。
- 人間として調和のとれた児童の育成を目指していること。
- 地域や学校の実態及び児童の心身の発達段階と特性についての考慮が十分なされていること。
- ゆとりのあるしかも充実した学校生活が実現できるよう配慮していること。

(2) 指導内容の取扱いに関する評価の観点
- 指導内容の取扱いに関する評価は、公教育としての共通性と地域社会、学校等の実態を反映した特性の両面を考慮して行われなければならないこと。
- 指導内容は、地域や児童の実態に即していること
- 指導内容は、基礎的・基本的な事項を十分に吟味し精選していること
- 指導目標を重点化していること
- 精選した指導内容は、相互の関連が十分考慮され、配列の順序及び指導の適時性が的確に図られていること
- 指導内容相互の関連を適切にし、児童にとって最も適した指導内容や指導の時期及び方法が用意されていること
- 低学年においては、合科的な指導が行えるよう十分な配慮がなされていること
- 指導内容は、学校で特に必要がある場合は、別に指導内容を加えても差し支えないが、学習指導要領に示す各教科等の目標や指導内容の趣旨を逸脱したり、児童の負担過重になったりしていないかどうかを評価すること
- 学校の道徳教育の目標を定めて全体計画を立てていること、さらに全体計画に従って家庭や地域社会との連携を図りながら、全教師の理解と協力の下に指導が進められているかどうかを評価する必要があること
- 体育に関する指導が計画的かつ組織的に行われ、学校の実態に即し、年度、学期ごとなどの評価の観点を設けておく工夫が必要であること

(3)授業時数等に関する評価の観点
- 授業時数が適切に配当され、必要な時数が確保されていること
- 授業時数が、地域や学校などの実態をふまえ、効果的に運用されていること
- 評価に際しては、年度、学期、月、週ごとに授業の記録を整理するなどして、授業時数の確保に努めるとともに、不測の事態に対しても弾力的に対応できるよう教育課程が編成されていること

(4)指導計画とその展開に関する評価の観点
- 精選された基礎的・基本的な指導内容相互の有機的な関連や、その発展的、系統的な配列等を観点として評価し、各指導事項のまとめ方、指導の順序、重点の置き方などが適切に工夫され、指導の効果があがるよう工夫されているかについて留意する必要があること
- 低学年における合科的な指導についても工夫され、それぞれの指導内容が指導のねらいに即して無理なく進められていること
- 指導計画を展開する場合、効果をあげるために、まず学習環境が整備され、教材・教具が計画的に利用されていること
- 視聴覚教材や教具、言語環境、学校図書館など、有形、無形の児童をとりまく環境の整備と活用に着目していること
- 学習が遅れがちであったり、心身に障害があったりする児童一人一人に応じた教育的な配慮がなされていること

(5)教育課程の実施に伴う運営、組織等に関する評価の観点
- 学校の教育目標との関わりが適切であること
- 地域や学校、児童の実態をふまえていること
- 学校との関わりにおいて、特に人的、物的諸条件が教育課程の編成と実施に適切に生かされ、指導の効果をあげていること
- 学校の内部組織が効率的に編成され運営されていること
- 教育活動が組織的、協力的であり、校長を中心として意欲的に目標を達成しようとしていること

3 平成29年の学習指導要領における学習評価の考え方

平成29年の学習指導要領には、第1章総則　第3教育課程の実施と学習評価　2学習評価の充実　において学習評価に関わる記述が以下のように示されています。

> 学習評価の実施に当たっては、次の事項に配慮するものとする。
> (1)　児童のよい点や進歩の状況などを積極的に評価し、学習したことの意義や価値を実感できるようにすること。また、各教科等の目標の実現に向けた学習状況を把握する観点から、単元や題材など内容や時間のまとまりを見通しながら評価の場面や方法を工夫して、学習の過程や成果を評価し、指導の改善や学習意欲の向上を図り、資質・能力の育成に生かすようにすること。
> (2)　創意工夫の中で学習評価の妥当性や信頼性が高められるよう、組織的かつ計画的な取組を推進するとともに、学年や学校段階を越えて児童の学習の成果が円滑に接続されるように工夫すること。

平成20年の改訂までは、学習評価の記述としては「児童のよい点や進歩の状況などを積極的に評価するとともに、指導の過程や成果を評価し、指導の改善を行い学習意欲の向上に生かすようにすること」が示されていましたが、平成29年の学習指導要領の改訂においては、上記のようにかなりの量感で学習評価に関わる事項が示されています。

これは、前述のとおり、中央教育審議会が、今次の学習指導要領の改正に際して、教育目標・内容と学習・指導方法、学習評価の在り方を一体として捉えた、新しい時代にふさわしい学習指導要領等（「等」は幼稚園教育要領）の基本的な考え方を審議の柱としたことによるものと考えられます。

平成26年11月に文部科学大臣が行った中央教育審議会への諮問「初等中等教育における教育課程の基準等の在り方について」では、これからの学習指導要領等は、必要な教育内容を系統的に示すだけでなく、育成す

べき資質・能力を子どもたちに確実に育む観点から、そのために必要な学習・指導方法や、学習の成果を検証し指導改善を図るための学習評価を充実させていく必要があるとして、教育内容、学習・指導方法と学習評価の充実を一体的に進めていくために求められる学習指導要領等の在り方が問われたことによるものです。これを受けて、今次の改訂においては、学習評価に関わる記述が周到に盛り込まれました。

学習評価の充実については、「小学校学習指導要領（平成29年告示）解説　総則編」において概ね次のように配慮事項を示しています。

(1)指導と評価の改善

学習評価は、学校における教育活動についての子どもの学習状況を評価するものです。学習評価の在り方は、子どもにどのような力が身についたかという学習の成果を的確に捉え、教師が指導の改善を図るとともに、子ども自身が自らの学習を振り返って次の学習に向かうことができるようにするためにも重要なことです。学習評価を行う際には、教育課程や学習・指導方法の改善と一貫性のある取組を進めることが求められます。つまり、学習評価は、子どもの学習の成果を捉えるだけで終わるものではないということです。

学習評価を行うに当たっては、教師が子どものよい点や進歩の状況などを積極的に評価し、子どもが学習したことの意義や価値を実感できるようにすることが求められます。このことが、一人一人の子どもが自分自身の目標や課題をもって学習を進めていけるようにすることにつながるのです。

実際の評価においては、各教科等の目標の実現に向けた学習の状況を把握

子どもが学習を振り返り、次の学習へ向かえるようにすることが大切です

図4　指導の評価

するために、指導内容や子どもの特性に応じて、単元や題材など内容や時間のまとまりを見通しながら、学習の過程の適切な場面で評価を行う工夫が求められます。その際には、子どもの学習成果だけでなく、学習の過程を一層重視することが大切です。特に、他者との比較ではなく、子ども一人一人のよい点や可能性などの多様な側面、進歩の様子などを把握し、学年や学期にわたって子どもがどれだけ成長したかという個人内評価の視点を大切にすることも重要になります。

また、教師による評価とともに、子どもによる学習活動としての相互評価や自己評価などを工夫することも、子ども自身の学習意欲の向上にもつながるため重視する必要があります。

前述のとおり、今回の改訂では各教科等の目標を資質・能力の三つの柱で再整理しています。平成28年12月の中央教育審議会答申では、目標に準拠した評価を推進するため、観点別学習状況の評価について、「知識・技能」「思考・判断・表現」「主体的に学習に取り組む態度」の3観点に整理することが提言されています。

「知識」には、個別の事実的な知識のみではなく、それらが相互に関連づけられ、さらに社会の中で生きて働く知識となるものが含まれている点に留意が必要です。したがって、単に知識をどれだけ獲得しているかということでではなく、多面的・多角的に知識を獲得するとともに、それらを多方面に汎用できるようにすることが重視されているのです。

また、資質・能力の三つの柱の一つである「学びに向かう力、人間性等」には、「主体的に学習に取り組む態度」として、学習状況を分析的に捉える観点別学習状況の評価を通じて見取ることができる部分と、観点別学習状況の評価や評定にはなじまず、こうした評価では示しきれないことから、個人のよい点や可能性、進歩の状況について評価する個人内評価を通じて見取る部分があることにも留意する必要があります。こうした考え方は、道徳科を要とした道徳教育の評価を考える上での基盤となるものです。

このような資質・能力のバランスのとれた学習評価を行っていくためには、指導と評価の一体化を図る中で、論述やレポートの作成、発表、グ

ループでの話合い、作品の制作等といった多様な活動を評価の対象とし、ペーパーテストの結果にとどまらない、多面的・多角的な評価を行っていくことが必要になります。

(2) 学習評価に関する工夫

学習評価の実施に当たっては、評価結果が評価の対象である子どもの資質・能力を適切に反映しているものであるという学習評価の妥当性や信頼性が確保されていることが重要です。学習評価は、子どもの学習状況の把握を通して指導の改善に生かしていくためのものであり、学習評価を授業改善や教育課程の改善・充実に向けて組織的、計画的に生かしていくことが求められます。

このため、学習評価の妥当性や信頼性が高められるよう、次のような事項が大切になります。

- 評価規準や評価方法等を明確にすること
- 評価結果について教師同士で検討すること
- 実践事例を蓄積し共有していくこと
- 授業研究等を通じ評価に係る教師の力量の向上を図ること

さらに、学校が保護者に学習評価の仕組みについて事前に説明したり、評価結果についてより丁寧に説明したりするなどして、評価に関する情報をより積極的に提供し保護者の理解を図ることも、信頼性の向上の観点から重要になります。

また、学年や学校段階を越えた学習の成果の円滑な接続が図れるようにするためには、指導要録への適切な記載や学校全体で一貫した方針の下で学習評価に取り組むことが大切になります。このことは、子ども自身が自らの成長や今後の課題を実感できるようにする観点からも重要なことです。

今回の改訂は学校間の接続も重視しており、進学時に子どもの学習評価がより適切に引き継がれるよう努めていくことを重視しています。

【参考文献】
- 「幼稚園、小学校、中学校、高等学校及び特別支援学校の学習指導要領等の改善及び必要な方策等について」答申　平成28年　中央教育審議会
- 「学習指導要領　一般編（試案）」昭和22年　文部省
- 「学習指導要領　一般編（試案）改訂版」昭和26年　文部省
- 「小学校学習指導要領」昭和33年　文部省
- 「小学校学習指導要領」昭和43年　文部省
- 「小学校学習指導要領」昭和52年　文部省
- 「小学校学習指導要領」平成元年　文部省
- 「小学校学習指導要領」平成13年　文部省
- 「小学校学習指導要領」平成20年　文部科学省
- 「小学校学習指導要領」平成29年　文部科学省

第3章

これまでの道徳教育の評価の考え方

これまでの道徳教育の評価の考え方

道徳科における評価の在り方を考えるために、これまで学習指導要領において道徳教育の評価をどのように考えていたのか、学習指導要領や文部省指導書における道徳教育に関わる記述を振り返ることにします。

昭和33年の学習指導要領

第3章　道徳、特別教育活動および学校行事等　第1節　道徳　第3の10

> 児童の道徳性について評価することは、指導上たいせつなことである。しかし道徳の時間だけについての児童の態度や理解などを、教材における評定と同様に評定することは適当ではない。

　小学校学習指導要領道徳編においては、道徳の評価に関わる記述が示されています。具体的には、道徳も一定の目標と計画に従って指導を行うため評価を必要としますが、教科の場合のように成績の優劣を評点によって評価することは妥当ではないとしています。評点によって評価するとは、数値などによる評価であり、このような評価は行わないとしていることは現行の学習指導要領と同様の考え方です。
　そして、道徳は人格の全体に関連するため、その評価も人格の全体にわたって総合的な立場をとる必要があるとしています。道徳的知識や判断については客観的に測定する方法も考えられますが、それらについても心情・態度・行動などとの関連で総合的に解釈されることが望ましいと述べています。一方、心情や態度は測定が容易ではなく、評価の資料を求める方法として次のようなものを挙げています。

〇教師による評価：観察、面接、テストなど
〇児童の自己評価：チェック・リスト、作文など
〇友人による評価：ゲスフー・テストなど

　なお、ゲスフー・テストは、1929年にアメリカでハーツホーン（Hugh Hartshorne.H）とメイ（May.M.A）及びマラー（Maller.J.B）によって考案されたと言われています。子どもが互いに友達の行動や特性、能力について日常的に観察し合っていることを利用して、「いろいろな友達と仲良くすることができるのは誰ですか」「当番の仕事を友達と協力してできる人は誰ですか」など、特に行動や態度などを子ども相互に評価させ、子どもの所見を総合して評価しようとする質問紙法の一種です。

〇父母による評価：質問紙、報告、教師との面接など
　評価の結果、子どもの道徳性に望ましくない点が認められた場合は、できるだけ早く適切な方法を講じて指導する必要があることから、日頃から指導に必要な資料を整えておくことも道徳の評価では重要であると述べています。具体的な資料としては、家庭および近隣社会の環境、保護者の態度と子どもへの要求、子どもの生活の実態、子どもの要求を例示しています。

　一方、指導要録における「行動の記録」にも言及しています。「行動の記録」の項目は、子どもの生活において指導されるべき望ましい行動を取り上げているので、その多くは道徳に関係し、道徳教育の内容となるものとしています。したがって、道徳の評価と行動の記録との関係はきわめて密接であり、特に道徳の評価が態度や行動について行われるときには、「行動の記録」における行動と一致することが少なくないとしています。したがって、道徳の評価の計画や実際の評価の方法などにおいても、行動の記録との関連をあらかじめ考慮してできるだけ両者を一体として有機的に取り扱うことの必要性を述べています。

　なお、実施した計画や方法を評価し、これらを改善することも、道徳の評価の重要な一面としています。

　昭和33年の学習指導要領における道徳の評価に関わる記述を考察する

に当たっては、学習指導要領における道徳の時間の目標を確認する必要があります。道徳の時間の目標は以下のように示されています。

> 道徳の時間においては、次の具体的な目標のもとに指導を行う。
> 1　日常生活の基本的な行動様式を理解し、これを身につけるように導く。
> 2　道徳的心情を高め、正邪善悪を判断する能力を養うように導く。
> 3　個性の伸長を助け、創造的な生活態度を確立するように導く。
> 4　民主的な国家・社会の成員として必要な道徳的態度と実践的意欲を高めるように導く。

このように、道徳の時間の目標として1に見られるとおり、基本的な行動様式を身につけることも位置づけているため、「行動の記録」との関わりを重視していることが分かります。この後、道徳の時間の目標は内面的資質の育成に精選されていくことになります。

図5　基本的な行動様式の評価

小学校　道徳についての評価

　文部省は、学習指導要領や小学校道徳指導書の趣旨の徹底を図るために、道徳指導の参考に資するべく「小学校道徳指導資料」を刊行します。昭和36（1961）年3月に「道徳指導計画の事例と研究」、同年7月に「道徳指導法の事例と研究」が配布されました。そして、指導計画と指導方法に続いて昭和37（1962）年12月に「小学校道徳についての評価」（以下「指導資料」）が刊行されました。

　ここでは、この指導資料の内容を確認しながら、道徳教育における評価とその特質、道徳性の評価、指導要録との関連について考察することにします。

1　道徳教育における評価とその特質

(1)評価の必要性

　教育における評価は、学校の実情や子どもの実態を基に立案された教育目標に照らして、指導の効果を測定するものです。このことにより、これまでの指導計画や指導方法の適否を考察し、教育の改善に役立てようとするものとしています。こうした考え方は、学校教育の不易な部分と言えるでしょう。

　道徳教育においても、特に道徳の時間は、各教科、特別教育活動、学校行事等と並んで教育課程に明確に位置づけられ、計画に基づいて行なわれるべき教育活動であるため、評価が必要であることは論をまたないとしています。なお、特別教育活動及び学校行事等とは、現在の特別活動です。

　しかし、評価の考え方や方法については、教育活動の特質によって相違があります。道徳教育の評価は、道徳教育の特質に基づいて規定されるべきで、必ずしも各教科その他の評価と同じ立場や考え方で行なわれるものではないことを確認しています。

⑵道徳教育における評価の特質

　道徳教育の目標は、子どもの道徳性を養うことです。したがって、評価の対象も子どもの道徳性ということになりますが、道徳性は、人格の全体に関連し広汎な内容を含んでいることや、形成される場が生活の全領域にわたっていることなど、他教科の内容とは大きく異なる特徴をもっていると説明しています。

　このときの道徳性の説明としては、基本的行動様式、判断、心情、態度などの側面に分けられ、判断は知的な働き、心情は感情や意志に関連し、態度はそれらを総合した人格の構えであり、行動もまた人格の外的表現と考えています。道徳教育は学校の教育活動全体を通して行うという考え方は大原則であり、指導資料でも子どもの道徳性は道徳の時間だけに指導されるものではなく、他教科の指導を通しても、教科以外の活動においても、さらに家庭・社会においても広く行なわれるものとしています。そして、それら具体的な指導のすべてが、一人一人の子どもの特質に応じその発達に即して働きかけ、個々の道徳性を培っていると説明しています。

　また、道徳性の評価は、次のような他教科の評価と異なった特質があるとしています。

　第1は、広い視野に立って評価することです。道徳性は人格全体に関わるため、人格のあらゆる角度にわたって評価しなければ道徳性を正しく把握することはできません。人格の構成要素となるものには、比較的測定しやすい面と客観的測定がきわめて困難な面とがあり、心情や態度は最も測定が困難なものです。しかし、道徳性を評価するという場合には、これらについてもできるだけ客観的に正確に評価する努力が必要となります。

　第2には、長い目でみることの必要性です。道徳性は、社会生活に現われる人格的傾向とも言われますが、このような傾向は、1度や2度の行動をもって判断することは適切ではありません。いつごろから、どのような過程をたどって、どのような形で、道徳的な傾向性ができていったかを確かめることが必要です。

　第3には、評価に当たって多くの人々の協力を得る必要があることです。個人の人格をあらゆる角度にわたって評価しなければ道徳性を客観的

に把握できないことから、さまざまな場面について、多くの人々の協力を得て評価資料を得ることが必要になります。教師の観察や子どもの自己評価、子ども同士の相互評価、家庭や社会の人々の評価など多面的な評価が求められるのです。

　第4には、多岐にわたる評価のための資料を基に総合的に考察することです。さまざまな場面、それに関わるさまざまな要因が関わり合って子どもの道徳性が形成されるため、ひとつの場面で得られた資料を安易にその場面だけの結果と判断することは適切ではありません。他の教育活動との関連を考え、広い視野からの解釈が必要だということです。

2　評価の手続き

　道徳教育における評価には、多様な側面があり、他の教育活動の評価とはかなり異なった特質ももっていると言えます。しかし、評価結果をより客観的で厳密なものにし、道徳教育の改善に役立てようとする限り、評価の基本的な手続きは他の教科などの場合とそれほど異なるものではありません。評価の一般的な手続きとしては次のような順序が考えられています。

(1) 評価の目的や対象の決定

　何を評価するのか、目的や対象を具体的に定めることです。評価を行うときには必ず一定のねらいがあります。子どもの道徳性そのものを把握しようとする場合もあります。何を意図して評価するのかを明確にしておかないと、無駄な作業をしたり、重要な資料を見落としたりすることにもなりかねません。

(2) 評価の観点の分析

　それぞれの評価のねらいに応じて、設定する観点を分析し、確立していくことが大切です。道徳性については、その様相として、基本的行動様式、心情、判断、態度が考えられていましたが、心情ならば心情についても、望ましい心情が形成されたか否かは、子どもを漠然と見ていたのでは

把握できません。心情の形成が子どものどのような反応として現われるかを具体的に設定しなければ、的確な評価資料は集められないということです。したがって、指導計画や指導方法の評価はもちろん、道徳的心情、態度などについても評価の観点をあらかじめ規定しておくことが望ましいと言えます。

(3)評価の場面と機会の選択

　評価すべき目的や対象、観点を明らかにしたあと、それらをどのような場面や機会で把握することが有効かつ適切であるかを吟味することが求められます。評価場面としては一般に次のように考えられます。
　ア　子どもの日常の生活場面
　イ　統制された場面
　子どもの日常生活の場面は、学校にも家庭にも地域社会それぞれにあります。子どもの道徳性は、これらのすべての場面で養われているので、それぞれの場面での反応を広く収集することが必要になります。そこには当然、教師だけでは把握できない場面もあるため、資料の収集には、友達や家族、社会の人々など多くの人の協力を得ることが必要になります。
　統制された場面とは、日常生活におけるありのままの場面ではなく、意図的に構成された場面です。例えば、個別的あるいは集団的なテスト場面や面接場面、あるいは一定の作業場面などです。統制された場面は、評価者が条件を設定するために評価資料の収集や解釈が比較的に容易であると考えられます。

(4)用具の選択あるいは構成と適用

　評価資料を得るためには、観察、面接、テスト、質問紙など多様な方法があり、そのためのさまざまな用具が考えられます。目標に照らし、最も妥当性の高い、信頼性のある用具を選定して実施することが求められます。評価方法やその用具にはそれぞれ長所と短所があり、また資料を得るための方法や用具は一つとは限りません。用具の特徴を把握して、必要に応じていくつかの用具を併せて活用し、できるだけ有効に実施する工夫が

必要です。

(5)収集された資料の処理・解釈・評価

　収集された資料を処理し、解釈し、どれだけの効果が上がったかを評価することが必要です。指導目標に照らしながらそれを解釈し、指導の効果を測定、判定し指導の改善に生かすことが評価と言えます。

　このように、道徳教育に関しては広い分野にわたって多くの評価資料が集め、それらを解釈しやすいように処理することが必要になります。処理については、一つには統計的に集団としての傾向を明らかにすること、もう一つには個人に即して実態を明らかにすることとしています。統計的処理によって集団の傾向が明らかになれば、集団の指導に役立つとともに、集団における個人の特徴も明らかになります。さらに、それぞれの子どもについて多様な資料が整理されれば、個人としての子どもの特質がよく分かります。これらの結果を指導目標からみて、また評価の観点にそって解釈し、評価することになります。

　道徳教育の評価では、多くの時間や労力を費やすことなく有効な評価資料を集める工夫が大切ですが、前述の手続きを理解しておくことは、資料収集や処理・解釈を有効にするのに役立つとしています。

　こうした考え方に基づき、道徳における評価の主な指導計画、指導方法、道徳性の評価法について具体的に解説しています。

3　道徳性の評価

　道徳性とは、個人の内にあって、その行動を社会の要求する基準に合致させる能力や傾向を意味するものとしています。この道徳性を心理学的観点から基本的行動様式、道徳的心情、道徳的判断及び道徳的態度といった四つの様相に分けています。なお、この捉え方は現在の学習指導要領における道徳性の捉え方とは異なっています。これらの様相は相互に関連し合っていて、それぞれ独立したものではなく、全体として道徳性を形成しています。したがって、道徳性の評価においては、これらの様相から求め

た評価資料を互いに関連させて総合的に解釈し評価することが望ましいと言えます。

四つの様相の評価と生活の諸条件の調査について以下のように示しています。

(1)基本的行動様式の評価

基本的行動様式とは、道徳的な生活を可能にするような基本的な行動のあり方で、習慣として身につけさせるべきものです。これをその対象・領域からみると、次のように分けられます。

・健康安全に関するもの
・身の回りの処理に関するもの
・礼儀作法に関するもの
・時間や金銭やものの使い方に関するもの

これら対象・領域について、次の観点から評価することができます。

ア　社会が要求する基準に合致した基本的行動様式をとることができるか

習慣として身につくには、まず不適切な行動様式を避け、適切な行動様式を進んで選ぶことができるような指導がなされていなければなりません。この観点は、子どもがそれぞれの対象・領域の具体的場面において、どのような行動様式をとっているか、また、その適切な基本的行動様式の出現の度数はどの程度であるか、などをみることによって評価することができるとしています。

イ　望ましい基本的行動様式が習慣化され、いつでも同様の行動様式をとることができるか

適切な望ましい行動様式は、繰り返し指導を受け、習慣にまで形成され、いつまでも持続することが大切です。これは適切な基本的行動様式の出現度数の増加の程度を長期にわたる観察によって評価することができるので、観点アとは程度の差であって、質的な相違ではありません。

ウ 日常生活の時と場に応じて、適切妥当な基本的行動様式をとることができるか

　日常生活のそれぞれの場面で状況に応じて弾力的で適切な行動様式をとれるようになることが、よりよい生活への適応につながります。この段階では、道徳的心情や判断も含まれ、道徳的態度とも区別しがたいことから、その評価は他の様相の評価との関連を特に考えなければならないとしています。したがって、基本的行動様式の評価では観点アとイが中心となります。

　このような基本的行動様式は、子どもの日常生活全体を通して現われるものであり、その評価は子どもの学校、家庭および地域社会における行動が対象となります。しかし教師ひとりでこれらすべての場から評価資料を収集することは容易ではありません。そこで、子ども、保護者及び友達の協力を得て評価資料を求めることが望ましいと言えます。教師の評価は、主として学校における子どもの行動が対象となり、その方法は観察法が中心です。観察法ではチェック・リストや評定法、逸話記録法が、また、面接法や質問紙法の活用が考えられます。さらに、テスト法によって子どもからすべての生活の場における行動に関する資料を得ることも考えられます。

　保護者の協力によって得られた評価資料は、家庭における子どもの行動が中心となります。教師からの質問紙の回答、保護者からの報告、教師の保護者への面接を通して資料を得ることが考えられます。

　また、子どもの自己評価も参考となり、学校、家庭及び地域社会における行動に関する資料が得ることも期待できます。行動目録法としてチェック・リストや評定法によって自己評価させたり、作文や日記などの自由な表現を通して捉えたりすることも考えられます。

　子ども同士の相互評価の資料は、学校及び地域社会における子どもの行動について把握するものです。チェック・リストやゲス・フー・テストが有効な方法としています。チェック・リストによって学級内で自主的に評価し合うことは望ましい行動様式の習慣化への動機づけも役立ちます。

(2)道徳的心情の評価

　指導資料では、道徳的心情について道徳的価値を望ましいものとして受け取り、善を行うことを喜び、悪を憎む感情としています。善悪の意味を知的に理解することが十分でなくても、大人からの承認や否認に伴って、承認されたとき感ずる快が善と、否認されたとき感ずる不快が悪と結びついて、自ずと感情的に善悪を知るようになります。発達するにつれ、知的理解や判断に裏づけられた道徳的心情、すなわち善を行うことを喜び、悪を憎む感情をいだくことができるようになるのです。このことから、次の二つの観点を考えることができます。

ア　善を行うことを喜び、悪を憎む感情が育成されているか
　自己及び他人のどのような行動を善として快を感じ、また悪として不快を感じているかを把握することで評価を試みます。

イ　善悪に対する判断に望ましい道徳的心情が伴っているか
　具体的な場面における道徳的価値や善悪に対して下す判断に、どのような道徳的心情が伴っているかをみます。元来、感情は感覚ばかりでなく、行動や知的な働きも伴って生ずるものであるため、道徳的心情の評価は道徳性のほかの様相の評価ときわめて密接な関連があります。しかし、道徳的心情だけを区別して測定することは難しいと言わざるを得ませんが、道徳的心情の測定・評価に関連した方法も考えられます。さまざまな方法を多面的に用いて資料を収集し、総合的に評価することが求められます。道徳的心情の評価の方法として、次の方法を挙げています。
　まず、子どもの行動や発言・表情など、感情の現われ方などを観察して評価資料を収集する方法です。道徳指導の場面などで、子どもたちが話合いをしたり、説話を聞いたり、読み物を読んだり聞いたり、紙芝居や劇などを見たり演じたりしますが、これらの指導を受けている際や受けた直後を捉えて行う子どもの行動の観察は有効な資料となることが考えられます。また、教師のほか保護者や友人などからも資料を求めることができます。組織的観察を含めて観察法は基本的行動様式の場合と同様です。教師

は逸話記録、チェック・リスト、また評定法を家庭における保護者の観察の資料は質問紙、報告、教師との面接における資料を得るようにします。友人の観察は相互評価としてのゲスフー・テストが有益としています。また、教師が子どもに行う面接も有効な方法です。子ども自身の内省に基づく自己評価は、意見や考え方と併せて心情を推し量る上で有効です。質問紙あるいは行動目録法、作文や日記などがこれに該当します。

　また、投影法や問題場面テストなど統制した場面で、一定の条件や場面の下における心情を捉えることも考えられます。

(3)道徳的判断の評価

　道徳的判断については、何が善で何が悪かを判断する知的な働きとしています。子どもは善悪の意味を感情的に捉える段階から発達して、知的に理解することができるようになると考えられています。しかし、善悪に対する単なる知識・理解だけでは、日常生活の具体的な場面に適合した望ましい道徳的実践を常に行えるとは限りません。それぞれの場面、状況について、自主的に正しい道徳的な判断を下すことができて、はじめて公正妥当な行動がとれるものです。この様相の評価は次の二つの観点に分けることができると考えられます。

　ア　善悪について正しい知識理解をもっているか

　どのような行動が善であり、悪であるかを理解しているか、善悪の意味や道徳的な行動基準を理解しているかを把握します。

　イ　問題場面に出合って善悪を正しく判断することができるか

　解決を必要とするような具体的な問題場面で、どのような道徳的な判断をするかを把握します。

　道徳的判断は人格の内面に属する様相ではありますが、心情や態度などと比べると比較的測定しやすいとも考えられており、そのため論文体テストや客観的テストを用いることが考えられます。また観点イについては、特に具体的場面を挙げてその解決を求める問題場面テストが考えられま

す。刊行されている道徳性の標準化テストの多くは、この様相の測定に関するものが多いと言われています。面接法や行動観察からも間接に評価資料を得ることができると考えられています。

(4)道徳的態度の評価

　道徳的態度とは、善を選び、悪を避けようとする人格の持続的傾向であり、実践的行動への身構えであると言われています。本来、態度は理解や判断というような知的要因と好悪というような感情的要因とを含んでいて、行動に向かって動機づけられている状態であると考えられています。

　道徳的心情や判断が養われ態度が形成されたとき、はじめて道徳的行動として具現されやすくなります。しかし、態度は行動そのものではなく、行動への準備状態であり、行動を方向づけするはたらきをしています。

　道徳的態度は道徳的心情や道徳的判断を含んでいることから、これだけを明確に区別して評価することは容易ではありません。また、態度は人格の内面に属する様相であるから、その評価は子どもの言語を介して、その意見や考え方、好悪の水準など内面的な傾向性を捉えて行うことも方法です。また、子どもの実践的行動から態度を推し量ることも考えられます。

　道徳的態度の評価の観点としては、次のようなことが挙げられます。

ア　善悪に対して、明確な意見や考え方をもち、積極的に善を選択し、悪を憎んで避ける行動をとろうとしているか

イ　当面するそれぞれの場面において、善悪に対し、常に一貫した望ましい意見や考え方をもち、望ましい行動をとろうとしているか

　観点アは、態度が安定し方向が定まっているかどうか、観点イはさらに望ましい態度を常に一貫してとることができるか、ということです。言語を介して行う方法には、面接法、質問紙法、問題場面テスト、ゲスフー・テスト、子どもに自由に表現させる作文や日記などが考えられます。面接法は子どもの意見や考え方などを直接捉えることができるとともに、子どもの発言や表情などを把握できることから有効な方法と言えます。ペーパー・テストでは、子どもの意見や考え方が安定しているか、望ましい方

向を示しているか、また実践的行動への心構えはどうかなどを推察することができます。問題場面テストは具体的な問題事態を提示することができるため態度の評価には有効であるとも考えられます。なお、ゲス・フー・テストは、日ごろ互いに観察し合っている子ども同士の相互評価のため、信頼できる結果が得られる可能性があるとしています。

実践的行動を把握するための行動観察法では、観察法、チェック・リスト、逸話記録、評定法などを用いることが考えられます。観察による評価では、特に子どもの言動や表情など感情の表現を併せて観察することが大切です。

⑸道徳性の形成に関わる生活諸条件の調査

道徳教育の評価対象は、子どもに見られる成長の様子と、それらに関わる条件とが考えられます。後者の条件には道徳性の発達を規定する子どもの生活の諸条件があります。これら諸条件の実態の調査によって得られる資料は、道徳性の評価及びその指導に役立つものと考えられます。

子どもの道徳性の発達を把握するに当たっては、子どもがどのような生活環境の中に成育してきたか、またその生活を子どもがどのように意識してきているかということを把握することが大切になります。そのために、次のような資料を整えておくことが考えられます。

ア　家庭及び地域社会の環境
イ　保護者の態度と子どもへの要求
ウ　子どもの生活の実態
エ　子どもの要求など

家庭及び地域社会の環境について、家族の人的構成、経済的状態、住居の位置・広さ、地域の一般的状態などを把握することが求められますが、これらは子どもの道徳性の発達に関する静的要因と考えることができるとしています。これらの要因に関する資料も必要になりますが、より直接的に子どもの道徳性の発達に影響を及ぼすと思われる動的要因を把握することが大切です。例えば、家族内の子どもの位置や役割、家庭の文化的状

態、子どものための施設、家庭の雰囲気、家庭と地域の関係などです。

　保護者の態度と子どもへの要求の把握では、保護者や家族が日頃子どもにどのような態度で接しているのか、子どもにどのようなことを期待し要求しているかということの明らかにすることが有効です。保護者の態度や子どもへの要求は、子どもの人格形成に極めて大きな影響を与えるものであるため、道徳性の評価においても重要な資料となることが考えられます。

　子どもの生活実態の調査では、子どもが家庭や校外でどのような生活をしているかを、できるだけ具体的にひろく資料を求めておくことが大切です。例えば、遊びや勉強、家の手伝いや仕事、こづかい、兄弟や友達関係、衣食住及び健康に関することなどについて、できるだけ動的な要因を捉えることが大切としています。また、子どもの生活時間の調査などからも、生活の実態を捉えることができます。なお、子どもの生活は年齢・性差によって異なるばかりでなく、地域、季節や調査時期によっても異なることが予想されます。

　子どもの要求の調査では、子どもがどのような要求をもっているか、ということから現在子どもはどんなことに不足を感じたり、悩みをもったりしているかということが推察できます。このことは、子どもの行動の理解に重要なものであるばかりでなく、子どもや家庭での、また友人との間での不適応な行動の原因などの理解に役立つことが期待できます。

　なお、今日では、家庭のプライバシーなどに配慮して、家庭における子どもの実態把握には、相当な慎重さが求められます。

(6) 評価の実際

　道徳性の諸様相の評価および道徳性を規定する生活の諸条件の調査の方法について、指導資料では表1のようなまとめをしています。

　表中の○は妥当と思われる方法、◎は特に妥当と思われる方法と考えています。これらの方法を観察法、面接法、質問紙法、テスト法、作文法、投影法および事例研究法と大別して、それぞれについて説明しています。

表1 道徳性の諸様相と評価方法

	基本的行動様式	道徳的心情	道徳的判断	道徳的態度	生活諸条件の調査
観察法	◎	○	○	◎	◎
チェック・リスト	◎	○	○	○	○
評定尺度法	◎	○	○	◎	○
逸話記録法	◎	○	◎	◎	◎
面接法	○	◎	◎	◎	◎
質問紙法	○	○	○	○	◎
行動目録法	○	○	○	○	
ゲス・フー・テスト	◎	○	○	○	
テスト法	○	○	◎	○	○
問題場面テスト	○	○	◎	○	
標準テスト	○	○	◎	○	○
作文法	○	○	○	○	○
投影法	○	○	○	○	
事例研究法	○	○	○	○	○

①観察法

　観察法は、対象である子どものありのままの行動を注視して、できるだけ客観的な資料を収集する方法です。この方法は子どもが構えることなく、自然な行動を捉えるところに特徴があります。基本的行動様式の評価には特に有効な方法と考えられます。なお、道徳的心情、判断および態度など人格の内面に属する様相も子どもの行動の観察を通して評価することができ、また生活の諸条件の調査法としても観察法は有効なものであることから、道徳性の評価の方法として最も重視すべき方法と考えられます。

　日常生活の場面で、子どもが示す自然な行動を対象として観察する方法は、教師にとって最も実際的な方法であり、子どもの全体的な理解や行動上の問題点を発見したり指導の手がかりを見つけたりすることに役立ちます。しかし、どのような観点でどのような行動を観察するのかをあらかじめ決めておかないと、結果を客観的に記録することができずに、観察者の主観に左右されたものになることが懸念されます。

　そこで、より客観的な観察を行うためには、組織的、計画的な観察が必要となります。具体的には、チェック・リストや評定尺度法などを挙げる

ことができます。

チェック・リスト

　評価対象として選択した行動についてあらかじめ項目をあげチェックするリストを作成しておき、その行動の現われる程度や度数を記録する方法です。この場合、評価対象を事前によく分析し、観察しやすい具体的な項目を設定してリストを作成しておく必要があります。
　チェックする記号、例えば「十分に実現…◎」「概ね実現…○」「努力を要する…△」などにより、その程度を表示することが考えられます。これを継続的に観察し、蓄積していくことで、行動の傾向性を把握することができます。比較的行いやすい方法であるため、教師だけでなく子どもが自ら自己の行動を反省し、記録する自己評価の用具としても適しています。また、学級の子ども同士が相互評価をする際にも用いることができます。

評定尺度法

　あらかじめ一定の基準から、評定の５ないし３の段階尺度を構成しておいて、観察の結果をこの段階に照らして位置づけて評定する方法です。この方法は観察資料を概括化、一般化して価値づける上で有効な方法と言えます。チェック・リストや逸話記録法などによって観察資料を豊富に整えておくことが求められます。
　この方法は段階尺度の構成が明確に規定されていないと、評定者の主観に左右され、結果的に客観性を大きく欠くことが懸念されます。
　尺度の構成は、次のような手順で行われます。
○評価対象となっている行動を明確にし、その行動の特徴を分析し規定しておく。
○規定した行動の特徴は一般にどのような場面や機会に観察しやすいかを調べておく。

○典型的な行動はどのような形で現われるか、学年段階に応じて具体的に考えておく。
○できるだけ等間隔な尺度であるように、5ないし3の評定段階を設定する。また評定尺度法の使用にあたっては、次のような原因で信頼性の乏しいものとなるおそれがあるから注意が必要である。
・評定者の評定基準に個人差があって、評定にずれが生じやすい。ことに「よい」「ふつう」「わるい」とか3、2、1などのように段階が評語あるいは評点だけで示されている場合がある。
・子どもの一つの特性、例えば学業成績の優劣が評定者の一般的な印象となって、そのものの行動の評定項目全般に影響を及ぼし、過大にあるいは過小に評価してしまう傾向が現われやすい。
・評定者があらかじめ項目相互の間に一般的な論理的関係づけを成立させてしまって、例えば、よく身の回りの整理・整とんをするものは礼儀正しい、というように一つの項目の評定を他の項目の評定にまで及ぼして評定をする誤りをおかしがちである。
・評定者に日ごろ親しんでいる子どもには寛大に過ぎた評定が与えられ、そうでない子どもには不当な評定がなされがちである。
・常に顕著な行動をとる子どもは、ひかえめな子どもより評定されやすい。また行動特徴が顕著な具体的行動として観察されやすい項目は、そうでない項目より妥当な評定が与えられる傾向がある。

　これらの原因からみて、評定尺度を構成し利用する際には、できるだけ教師間の話合いをもって、段階尺度に対し共通した理解をもつことが大切です。また、個々の子どもに全項目の評定をせず、1項目ごとに全学級の子どもの評定をし、評定済の項目をかくして、他の項目の評定を行い、しかも子どもの評定順序を変えるなどの工夫も大切です。

逸話記録法

　逸話記録法は、子どもの日常の行動の観察記録法として重要です。ここで「逸話」というのは、特定の子どもについて指導上有意義であると思われる具体的な行動事例を差します。逸話記録はこの逸話をできるだけ客観的に記述することが重要であり、事実と観察者の主観に基づく解釈とを混同しないように別記することが求められます。また、記録はできるだけ観察した印象の鮮明なうちに行い、継続的に記録をすることなどが大切になります。

　逸話記録に記録される行動事例は、必ずしも評価対象となっている行動項目と合致しているとは限りませんが、継続的に資料を収集することで自ずと子どもの人格の特性や行動の傾向性を理解することに役立ちます。突発的な事例や特異な事例の記録だけから安易に子どもを解釈することは、妥当性を欠くことが懸念されるので留意しなければなりません。

　逸話記録法については次のような配慮事項が挙げられます。
○記録の項目ごとに、観察日時・場所、および行動の生起の場面や条件を明確に記述しておく。
○事例は実際に起こったことを客観的にありのまま記述する。
○観察した行動に関する所見や解釈は、事実の記述とは別記する。
○行動事例は子どもの生活の全体から取り上げるが、不明確なものは記録に残さないようにする。
○記録はとかく顕著な子どもの行動や問題行動の事例が多くなりがちであるが、見落としがちな子どもの行動や望ましい行動も積極的に記録するように心がける。
○記録は、それが鮮明な印象の消えないうちにとるようにする。

観察法全般にわたって留意すべき事項
○あらかじめ観察項目を具体的に明確に規定しておくことが大切です。そのためには子どもの発達の段階の特質を理解し、観察場面の設定、記録

方法についての配慮などが求められます。

　子どもの典型的な行動を観察することが大切ですが、数例の観察事例だけから判定することは難しいので、さまざまな生活場面について系統的、組織的に観察することが必要です。
○観察者の偏見や趣向を除いて、子どもの行動をありのままに客観的に捉えることが大切です。
○観察対象となる行動の生起しやすい場面、また子どもの行動の本来の姿が捉えやすい場面を選んで観察することが大切です。
○観察後は印象の鮮明なうちに記録をし、また観察された事実と観察者の解釈や所見とは、区別して記録しておく必要があります。

②面接法

　面接法は子どもや保護者など被面接者と対面し、会話を通じて必要な資料を直接収集する方法です。面接法は言語を介して、相手のもっている知識、意見、態度などを捉えることができるばかりでなく、面接の進行に伴って、相手の表情や話し方・態度を通してその心情を推し量ることもできます。したがって、面接法は、特に道徳的心情、判断、態度の評価には有効な方法と考えられます。さらに、相手から直接資料を得られるという点でも、生活の諸条件の実態の調査にとって有効な方法です。

　面接法は目的をもった会話であり、いわば計画的な観察であり、必要な評価資料や情報を収集するためには、あらかじめ観察事項や質問事項を準備して計画的に実施する必要があります。

　面接法は質問紙法やテスト法では十分に把握できない点、疑問点なども問うことができるといった長所がありますが、相手との人間関係が構築できていない場合は、期待している資料を得ることが難しく、それは信頼できないものになってしまうことも考えられます。

　面接法は相当の時間を要するばかりでなく、望ましい効果を得るためにはかなりの技術が必要になります。面接法については、次のような留意事項があります。

ア　面接の目的を明確にして行う

　評価目標からどのような事項を質問し、観察して資料を求めるか、事前に計画しておくことが必要です。

イ　相手に関して事前に予備知識をもっておく

　相手に関する有効な資料を事前に調べ、調査項目に関する背景的知識をもって面接に臨むことが大切です。面接者である教師の憶測や偏見を除いて面接を行うようにします。

ウ　面接の場所や時間に対する配慮をする

　場所は子どもが安心できるところ、他の子どもが気にならないところを選びます。また、面接はかなり時間を要するため、十分な時間を確保することが求められます。

エ　子どもが安心して話せる雰囲気をつくる

　子どもに面接の目的を理解させるとともに、子どもとの間に親密な関係をつくり、信頼して何でも話せるようにすることが大切です。

オ　子どもが率直に、また端的に答えられるようにする

　面接が自然に進行するようにするためには、計画を弾力的に捉え、子どもが話しやすい話題から始めるようにします。必要に応じて問い返しなどを行うことが必要ですが、誘導的な質問になったり、指導的な態度になったりしないようにして、子どもの言葉を傾聴しようとする態度が大切になります。

カ　面接の記録を正確にとる

　面談しながら調査用紙に記録することで子どもが話しにくい状況になることも懸念されます。得られた事実や情

図5　面接法

報は面接終了後できるだけ早く記録しておくことが大切です。その際、事実と面接者の意見や解釈とは、明確に区別して記録するようにします。

③質問紙法

　あらかじめ作成した質問紙を子どもや保護者などに提示して、回答を求め、必要な資料を収集する方法です。質問紙法は一般に集団に対して実施し、同時に多数の回答を求めることに適していますが、必要に応じて個別に実施することも考えられます。質問紙法は十分な配慮の下に行なわれなければ、その結果の信頼性が期待できないものになることが懸念されます。一般に教師が直接観察できない事項、例えば子どもの経験、要求、意見、心情、態度など内面に関わる事項に関する資料を求めたり、また直接観察が可能であっても、同時に多数の資料を必要としたりするときに用いるようにします。質問紙の信頼性を高めるためには、次のような配慮が特に必要になります。

ア　回答者がはっきり記憶していないような事項の質問は避ける

　例えば子どもの過去の生育に関する詳細な事項を問うたり、子どもに数か月も前の経験について詳しく質問したりしても正確な回答は期待できません。

イ　回答者の協力的態度を得るようにする

　質問や調査の趣旨を回答者に伝え、回答者との信頼関係を構築して積極的な協力を得るようにすることが大切です。

ウ　事実と異なる回答についてもその真意を捉える

　保護者や子どもの回答が明らかに誤りであることがわかったときには、その回答の原因や背景を考え、保護者や子どもに対する理解を深めるようにすることも大切です。

　なお、質問紙の作成にあたっては、次のような配慮が求められます。
・質問は簡単で、容易に記入できるようにする。

- 質問事項については、回答者のある程度の予備知識が必要な場合があるため、回答者を当惑させるような設問は避けるようにする。
- 質問に用いる言葉は、誰にでも理解できるものにする。
- 一方的な答えを暗示するような質問の出し方は避ける。

　道徳性の評価に関する質問紙のうち、子どもの自己評価の形式によるものに行動目録法、子どもの相互評価の形式によるものにゲスフー・テストがありますが、これらはいずれも質問紙法の範疇に入ると考えられます。

行動目録法

　行動、心情、態度などの評価項目を提示して、チェック・リストや評定尺度法などの形式で子ども自らこれに応答させる質問紙の一形式が行動目録法です。この方法は子どもが自らを反省し評価するものであるため、道徳性に関わる自己評価に用いるものです。なお、行動目録法に関する注意事項は、質問紙法の場合と同様です。

ゲスフー・テスト

　子どもが互いに友達の性格や行動について日常観察を通して把握していることを基にして、行動や態度などを子ども相互に評価させ、子どもの所見を総合して測定評価しようとする質問紙法の一種です。
　次の例に示してあるように、一つ一つの評価項目について望ましい特質と望ましくない特質をできるだけ具体的に記述して提示し、それぞれの特質に該当すると思われる子どもを自分の学級の中から数名選でその名を記述させます。採点の方法としては、一般には望ましい特質に友達の一人から記名されるごとに＋1ずつ、望ましくない特質に記名されるごとに－1ずつを与えて、そのトータルを当該の子どもの得点とする方法が多く用いられました。
　実施に当たっての配慮事項として、よりよい学級にするために行う

もので正直に記入すること、記入したことについての秘密を守ることなどを子どもに説明することが挙げられていました。

なお、この方法は、ともすると憶測や偏見で友達を見てしまうこと、友達のマイナスイメージを強化することなどが懸念されることから、今日においては、この方法を用いることは適当とは言えないと思われます。

④テスト法

テスト法は、教師が条件を統制して子どもに反応を促し、評価資料を求める方法です。日常の生活場面において子どもが示す偶発的な行動の観察では、必要なときに必要な評価資料を豊富に求めることは容易ではありません。そこで、評価目標に合致した資料を一定の時間で収集する方法として、テスト法の意義があります。

テストは道徳性のいずれの様相にも対応できる測定法であると言われますが、特に道徳的な知識、理解、および判断などの測定に有効と考えられていました。テストには教師が自作する問題場面テストと、専門家が構成する標準テストとが考えられます。

問題場面テスト

道徳性の測定に関する問題場面テストは、道徳的になんらかの解決を必要とするような問題をもつ具体的な場面を提示して、子どもの反応を求めるテストです。提示する問題場面は、子どもがこれまでの自分の経験や判断などを基に対応できる、日常生活に起こりそうな具体的な場面であることが望ましいとされています。このような場面において、こんなときどのように行動すべきであるか、あるいは同様な場面で実際にはどのような行動をとっている場合が多いか、さらになぜそのような行動をとるのか、その判断や心情もあわせて子どもに問うことによって、道徳的判断、態度、心情を、さらに、実践行動の傾向を把握することに繋がると考えられています。

標準テスト

　標準テストは、個々の子どもの得点を1学級、1学校を越え、広く全国的視野の下で、テストを適用する子どもと直接比較して解釈することができる基準・尺度をもっているテストです。

　元来それぞれの道徳の具体的目標について、規範的な価値基準を明確に設定することは、決して容易なことではありません。そこで、社会一般が望ましいものとして承認しているとか、子どもが一般的に望ましいものとして承認しているとかいうような現実の基準、つまり統計的な基準を設定して、これを一つの判定の目安として用いることが考えられました。

　望ましい標準テストは、評価目標ごとに規範的観点に基づいてできるだけ妥当な設問がなされ、これに統計的観点からの検討が十分行われた問題によって構成されていると言われます。また、テストの実施法、採点法は明確に規定され、その手引書に明示されています。個々の子どもの得点も手引書に照らして、偏差値、5段階評定などに換算し、解釈できるようになっているため、教師はテストの手引書に示された手順に忠実に従って実施し、採点し、換算すれば自ずと解釈できるようになっています。

　今日では、道徳性診断テストなどとして、市販されているようです。

⑤作文法

　作文法は、子ども自らの生活体験が叙述されるものであり、行動観察や質問紙、テストに比べて、子どもの経験や内面をより率直に、より直接に捉えることができる場合が多いと言われています。

　作文法による評価の困難点は、作文を組織的に数量的に分析することが困難であることですが、この評価法は子どもの個性の理解に役立つとともに、道徳性のすべての様相、特に道徳的心情、判断力、態度などには妥当性が高いと考えられています。

低学年の作文には、テーマの趣旨をよく徹底させたり、書く内容についてかなり細かな指示を与えたりしないと、必要な評価資料を求めることが困難な場合があります。また、作文の内容はすべてそのまま信頼できるものとは限らないので、他の方法で得られた資料と併せて吟味することが必要になります。作文は、他の方法で求めた評価資料に質的な裏づけを得る上で有効なものと言えます。

　作文と同じようなものとしての個人の日記は、生活体験を通した事実の記録や考え方、態度、興味、理想などを自ら内省した率直な記録と言えます。したがって、日記を通して個人の内面を推察できることから、個人を理解するのに重要な資料と言えます。しかし、子どもは自分を客観視し、正しく観察することが不十分であり、また自発的に日記を書こうとすることも多くはないため、教師や保護者から促されて書く日記には、日記本来の機能が十分に生かされていなことが懸念されます。しかし、日常の事実に基づいた生活の記録などは、利用の仕方によっては教師の観察では把握しきれない事柄などを知るのに役立つことが期待できます。

⑥投影法

　投影法は、元来人格診断法として用いられるもので、性格診断検査として、多くは標準化テストの形式をとっています。道徳性、特に心情や態度などの評価に利用すると有効な資料を得ることが多いと考えられていました。行動観察法や質問紙法などでは、とかく人格の表面的な類型的な診断で終わってしまうことが懸念されます。そこで、捉えにくい人格の内面的な欲求や感情などをこの方法で診断、評価しようとするものです。

　投影法は一般のテストと異なって、不完全な絵や文章を提示して、個々の子どもがこれをどのように受け取って、どのように完成するかによって、その性格、特性を診断していきます。

図6　投影法の例（絵画統覚テスト）

子どもが与えられたあいまいな課題を認知し、意味づけ、完成しあるいは選択するなどすることによって、内面にある欲求や感情を表出させることを意図しています。しかし、標準化されたテストといっても、得られた資料を明確な基準・尺度に照らして一義的な解釈ができるというよりは、得られた資料を分析して教師がこれに洞察的な解釈を加えなければならないところに大きな困難点があります。

　投影法にはいくつかの種類がありますが、比較的容易に使用できるものとしては、絵画統覚テスト（TAT：Thematic Apperception Test）、絵画欲求不満テスト（PFスタディ：Picture Frustration Study）および文章完成法テストなどが挙げられています。

　絵画統覚テストは、曖昧な、しかも何らかの問題を含んだ場面が描かれている絵画を子どもに提示して、空想物語をつくらせるものです。子どもは抑圧されている欲求、承認しがたい欲求、あるいは無意識的な願望などを空想物語の内容に表現します。そこで、この物語を分析して解釈診断します。低学年の子どもから適用できるとされていますが、結果の解釈にはかなりの洞察が必要になります。

　絵画欲求不満テストには、日常子どもが経験するような欲求不満の場面を示したさまざまな絵が示されています。絵は線画で、人物の表情や態度などは意図的に曖昧になっています。どの絵も左側の人物が右側の人物になんらかの意味で不満を起こさせている場面であり、左側の人物の言葉が記されています。この絵を見せて、右側の人物が何と答えるかを子どもに書き込ませます。

　文章完成法テストは、短い不完全な文章を与えて、子どもにそれに続けて文章を完成させます。これを分析して、性格、特性を診断しようとするもので、子どもの内面の全体的概観を捉える上で有効とされてきました。このテストについては、反応結果を評価するにはある程度の技術を必要とされています。

⑦事例研究法

　道徳性に関する事例研究法は、道徳性に関して何らかの問題点をもつ子どもの問題を一つの事例として取り上げ、その問題の所在を明確にしてその原因を究明し、さらに指導・処置を行うための方法です。子どもの生活をできるだけ詳細に総合的に調査して、子どもを理解する上で必要な情報や資料を収集し、これを組織的に分析的に整理し、その子どもの困難点や問題点の本質や原因を明らかにしていきます。

　そして、この困難や問題を取り除くための処置が検討され、具体的な計画に基づいて行われます。その結果は評価され、評価資料の中に加えられていきます。このような過程全体を事例研究法と言います。

　したがって、収集する情報や資料は、道徳性の諸様相及びその子どもを取りまく生活の諸条件だけでなく、子どもの身体的条件、学力、性格など道徳性の発達に影響を与え、その方向や特質を規定すると考えられるものが必要と考えられています。またこれらの情報や資料は、子どもの現在の生活に関するものばかりでなく、これまでの生活、将来に対する期待や要求に関するものまで収集することも求められます。

　このような多面的な継続的な資料を収集するには、観察法、面接法、質問紙法、テスト法あるいは投影法などから、それぞれの対象の測定や評価にできるだけ妥当する方法を選択し、あるいはいくつかの方法を併せて用いることが必要になります。

　多面的に継続的に収集された豊富な情報や資料は、一つの枠組に従い系統的に分析的に分類整理して、相互に比較、検討してみると、自ずと全体的な見通しができて、その子どもの問題点の所在が明確になってきます。その際に、解釈する上に必要な資料が不足していることを発見したり、資料の間に互いに矛盾があったりすることに気づくことがあります。その場合は、さらに資料を求めて補充するなどして、矛盾を解決する必要も生じてきます。

　このように系統的に整えられた情報や資料に基づいて問題点の原因や発生条件を洞察し解釈することで、妥当性、信頼性のある評価となり、問題の原因や障害を排除する計画や処置が妥当なものとなります。

⑧留意事項

　道徳性に関わる評価の諸方法についての例示がありましたが、さら次のように留意すべき事項が示されています。

ア　道徳性の諸様相は、互いに関連し合い独立したものではないため、一つの様相の評価の観点もまた他の様相の観点と関連して、明確に分けることは困難であり、この点は、十分に押さえておくことが大切である。

イ　一つの評価の観点や項目を完全に評価できる方法はただ一つであると考えることは適切ではない。観点や項目の特質に応じて資料収集の方法等が規定されてくる場合もあるが、どの方法にも一長一短があるため、複数の方法を互いに補完し合い、総合的に用いることによって、はじめて妥当性も信頼性も得られる評価が期待できるようになる。

ウ　多面的に継続的に評価資料を収集して、これらを系統的に整理したとき、重要な資料の不足を発見したり、互いに矛盾する資料を見いだしたりすることがあるが、その際は、さらに情報や資料を求めるなどして、確実な拠りどころのある公正な解釈が下されるようにすることが必要である。資料不足のまま解釈を急ぐことは、避けなければならない。

エ　評価の結果、道徳性を養う上で問題がある子どもが見いだされた場合は、その原因を究明し、その指導や処置に努める必要がある。教師はこのような子どもに対して事例研究的にその対応に臨むことが大切である。

オ　いかに客観的な評価資料を収集したとしても、それだけでは評価であると言えない。これらの資料に基づいて、教師が価値判定を与え、改善策を講じることではじめて評価となり得る。教師は常に広い視野に立って、鋭い洞察を働かせて判断しなければならない。教師の偏見や趣向によって判断することがないようにすることが求められる。

■実験学校での評価に関わる研究

　指導資料の刊行と同時期に、文部省は初等教育実験校を東京学芸大学附属世田谷小学校に指定して道徳の評価に関わる実験研究を行いました。研究の目的は「友人関係における道徳性の伸長を期して」として、昭和33年度から35年度までの３年間の研究を重ね、初等教育実験学校報告書「小学校　道徳の評価」をまとめました。指導資料の資料提供校に同じ学校が名を連ねていることから、実験校の研究と指導資料の作成は往還していたことも予想できます。

　実験学校での評価の研究の対象は、友達関係における道徳性の伸長でしたが、そのために多種多様な方法を用いています。具体的には、友達関係を集団といった視点から考察し、集団における位置取りを把握するためにソシオメトリックテストを行っています。ソシオメトリックテストとは、人間関係や集団構造を、その成員同士の指示、不支持の頻度や強度によって量的に測定しようとするもので、アメリカの心理学者モレノ（Moreno.J.L）によって考案されたと言われています。このテストでは、ある子どもが他の子どもをどのように思っているのか、また、他の子どもからどのように思われているのかを把握することができ、子どもの友達関係の状況を把握することができます。

　また、友達関係を把握するための質問紙による調査、道徳的判断に関する標準テスト、さらに事態反応テスト、絵画による事態反応テスト、友達関係に関わる作文や日記、教師の観察や保護者対象の質問紙などさまざまな方法で、３年間をかけて研究を重ねています。

　こうした研究は、子どもの友達関係に関わる道徳性を把握する上で参考にはなりますが、学校教育において必ずしも日常的に行えるとは言えないかもしれません。指導すべき内容項目のそれぞれについて同様の評価を行うためには、相当な時間と労力が必要になるでしょう。

　つまり、子どもたちの道徳性を客観的に、かつ的確に把握することは容易ではないということです。また、上記の方法によって得られた評価のための資料を総合的に考察して、判断するのは教師です。評価者としての教師の力量も大いに問われるところです。

昭和43年の学習指導要領

第3章　道徳　第3の4

> 児童の道徳性について評価することは、指導上たいせつなことであるが、道徳の時間だけについての児童の理解や態度などを、各教科における評定と同様に評定してはならない。

　昭和43年の学習指導要領を作成するに当たっては、教育課程審議会の答申を受けて、学校における道徳教育の役割と道徳の時間の性格を明確にすることを重視しました。
　そして、道徳の時間の目標を次のように改善しています。

> 　道徳教育は、人間尊重の精神を家庭、学校、その他社会における具体的な生活のなかに生かし、個性豊かな文化の創造と民主的な社会および国家の発展に努め、進んで平和的な国際社会に貢献できる日本人を育成するため、その基盤としての道徳性を養うことを目標とする。
> 　道徳の時間においては、以上の目標に基づき、各教科および特別活動における道徳教育と密接な関連を保ちながら、計画的、発展的な指導を通して、これを補充し、深化し、統合して、児童の道徳的判断力を高め、道徳的心情を豊かにし、道徳的態度と実践意欲の向上を図るものとする。

　このように、総則に示されている道徳教育の目標を再掲することで、学校の教育活動全体を通じて行う道徳教育も道徳の時間における指導も、道徳性と養うという同一の目標を目指すことを明示しました。
　そして、道徳の時間における指導が、各教科等における道徳教育と密接な関連を保ちながら、それらの成果を補充、深化、統合する役割をもつ計画的、発展的な指導の機会であることを述べ、子どもの道徳的判断力、道

徳的心情、道徳的態度及び実践意欲の深化、向上を目指すことを明示しています。つまり、前半は道徳教育及び道徳の時間の指導に共通する究極的な目標、後半は道徳の時間の特質と役割を示しているといえます。

評価についての考え方は、前述の「小学校　道徳についての評価」が参考にされていることがうかがえます。昭和44年の小学校指導書道徳編に次のように示されています。

道徳教育の評価には、子どもの道徳性が指導の結果どれだけ高まったかという視点と、教師による指導計画や指導方法が適切であったか否かをという視点があるとしています。その上で、子どもの道徳性を評価する際の留意点として、道徳の時間において子どもの理解や態度などを、各教科同様に評定してはならないということを挙げています。

道徳性の評価の意義については、個々の子どもに加えて学級や学校の全児童の道徳性が道徳教育の目標や内容に照らしてどの程度身についたかを明らかにすることとしています。道徳教育は人格の全体に関わるので、その評価も人格の全体にわたって総合的に行われる必要がありとしています。しかし、このような評価は技術的にみてかなり困難であるとも述べています。道徳的判断力についてはある程度客観的に測定する方法も考えられるとしながらも、道徳的心情や道徳的態度についての評価は相当に困難を伴うとしています。また、道徳的判断力の評価と道徳的心情や道徳的態度の評価とを区分して考えること自体が便宜的であるため、道徳性の諸様相を相互に関連させ、広い視野に立って評価するという配慮が必要であると述べています。

その上で、道徳性の諸様相の評価の観点を次のように例示しています。

(1)道徳性の諸様相の評価の観点
①道徳的な判断力の評価
　子どもが善悪についてどれだけ知的に理解しているか、自主的で正しい判断がどれだけできるようになったか
②道徳的心情の評価
　道徳的に望ましい感じ方や考え方や行為に対しての喜びや楽しみの感情がどれだけ培われたか

③道徳的態度の評価
　善を行い悪を避けようとする行動への構えが、どれだけ子どもに定着してきたか

　さらに、道徳性を評価する方法としては次のような例示があります。
(2)道徳性を評価する方法
①観察による方法
　子どもの行動を観察し、ありのまま記録する方法。道徳的習慣の評価だけでなく、道徳的判断や心情および態度など道徳性の各様相にわたって評価することができる基本的なもの。しかし、解釈が主観的になりやすい傾向があるため、チェック・リストや評定尺度など、あらかじめ評価項目を吟味してできるだけ評価を客観的にすることが必要。
②面接による方法
　直接子どもと相対し、対話によってその考え方を捉える方法。面接の進行に伴い相手の話し方や表情からその心情や態度をうかがうことが可能なので、道徳的判断力、道徳的心情ないしは道徳的態度の評価に有効な方法。ただし、望ましい効果をあげるためには相当な技術が必要であり、子どもとの信頼関係が不可欠の条件としています。
③質問紙、検査などによる方法
　質問紙法は、評価項目ごとにあらかじめ作成した質問事項を子どもに回答させ必要な資料を数多く収集しようとするもの。主として、道徳的判断力や道徳的態度の評価に適した方法。また、子ども相互の評価法であるゲスフー・テストの利用も考えられる。なお、今日におけるゲスフー・テストの活用について配慮については、すでに述べたとおりです。
　検査法は、子どもが問題場面に当面して、善悪を正しく判断することができるかどうかについて構成した検査を用いる方法。主として道徳的判断力の測定に適する。また、観察法や質問紙法などでは捉えにくい道徳的心情を多義的に解釈される絵や文章を提示し、その反応によって捉えようとする方法もある。
　しかし、質問紙法や検査法は、子どもの道徳性の評価の方法としてはそ

れ自体限界のあることを理解して、それらの利用に際しては、主観的な分析や解釈をできるだけ避けるよう工夫することが望ましい。
④作文による方法
　作文には、子どもの生活体験や反省、希望などが表現されるため、子どもの意識の内容を直接に知ることができる。道徳の時間の指導の終末段階や事後指導などで書かせた作文には、主題に関する子どもの判断や心情の傾向が表現されているものが多い。ただし、この方法によって道徳性を評価する場合には、前提として教師と子どもとの信頼関係が構築されていること、教師に作文を見極める力を有していることなどが要請される。また、子どもの個人的な、またはグループの日記なども道徳性の評価の資料として役立つ。
　子どもの道徳性の評価に当たっての留意事項としては、次のようなものを挙げています。
(3)道徳性の評価に当たっての留意事項
① 　評価の妥当性を期するために、複数の方法を用いて広い視野に立って総合的に判断することが必要である。
② 　収集した評価資料の整理にあたって、必要な資料の不足に気づいたり、矛盾する資料を発見したりした場合は、性急な解釈をせずにさらに詳細な情報や資料の収集に努めることが求められる。道徳教育の効果は短期間には期待できないため、教師は根気よく継続的に子どもを観察し評価する姿勢が求められる。
③ 　評価の結果、道徳性に関する問題点が見つかった場合は、その原因を究明して指導や処置に当たらなければならない。その結果としての子どもの変容を再び資料に加え事例研究的な扱いを推進すべきである。
　子どもの道徳性の評価は、子どもの生活環境を知ることが大切であり、家庭や近隣社会の環境、保護者の態度と子どもへの要求、子どもの生活の実態、子どもの要求などの資料を基に評価することが求められる。
　以下、指導計画、指導方法の評価が示されていますが、紙幅の関係で別の機会に考えたいと思います。

昭和52年の学習指導要領

第3章　道徳　第3の5

> 児童の道徳性については、常にその実態を把握するよう努める必要がある。しかし、各教科における評定と同様の評定を、道徳の時間に関して行うことは適切ではない。

　前段は道徳の時間も含めた学校教育全体で行う道徳教育の評価、後段は道徳の時間の評価の考え方を述べたものと考えられます。
　道徳の評価については、昭和43年と同様に、昭和53年の小学校指導書道徳編に記述がありますが、道徳教育における評価の意義、評価の方法と評価の観点について昭和43年の内容を踏襲しています。

平成元年の学習指導要領

第3章　道徳　第3の5

> 児童の道徳性については、常にその実態を把握し指導に生かすよう努める必要がある。ただし、各教科における評定と同様の評定を、道徳の時間に関して行うことは適切ではない。

　平成元年の学習指導要領における道徳教育の評価の記述は、概ね昭和52年の内容を踏襲していますが、「常にその実態を把握し指導に生かすよう努める必要がある」といった指導と評価の一体化にも言及しています。
　これまでと同様に、平成元年の小学校指導書道徳編に評価に関わる記述がありますが、その冒頭の道徳教育における評価の意義において、「教育における評価は常に指導に生かされ、結果的に子どもの成長につながるも

のでなければならない」として、前述の指導と評価の一体化に関わる記述を確認しています。また、総則に示された「指導の過程や成果を評価し、指導の改善を行うとともに、学習意欲の向上に生かすよう努めること」といった教育評価の基本的な考え方を引いて指導計画や指導方法の評価と道徳性の評価との関連性を述べています。

道徳性の評価の観点においては、まずもって、教師自身が子どもの道徳性をできるだけ客観的に見る目を養うと同時に、子どもはよく生きようとしているという信念と、子どもの成長を信じ、願う姿勢をもつことが大切といった教師の評価に対する姿勢を示しています

道徳性の諸様相の評価に関しては、学校教育における道徳性の評価は基本的に道徳の内容項目をどの程度調和的に内面化しているかをみるものであるとして、概ねこれまでと同様の観点を示しています。さらに、新たに道徳的習慣について、特に基本的な生活習慣をどの程度身につけ実践できているかを評価する旨を加えています。

評価の方法では、これまでの観察、面接、質問紙、検査、作文に加えて、その他の方法として事例研究法や投影法などを例示しています。

評価の活用の留意点としては、評価の観点を固定的に考えず、子どものよさや個性を積極的に評価できるように多面的な評価基準を工夫していくこと、評価結果の適切なフィードバックを心掛け次の指導に生かされるよう配慮すること、評価に関わる資料は個人の人格や人権に関わるものを含んでいるため、慎重に扱うことなどを追記しています。

平成元年の小学校指導書道徳編から、「道徳の時間の指導に関する評価」という節が設けられました。ここでは、評価の観点として、指導過程に関する評価の観点、指導の諸方法を評価する観点が例示されました。評価の方法としては、授業者の記憶や授業中のメモ、録画などで授業を振り返りながら自己評価することが多いが、客観性を高めるために研究授業、他の教師の観察、子どもの授業評価などを行うことが大切としています。しかし、授業の評価において最も重要なことは、子どもの反応及び変容であるとして、事前、授業中、事後の子どもの反応や変容を把握することも併せて行うことを例示しています。

平成10年の学習指導要領

第3章　道徳　第3の5

> 児童の道徳性については、常にその実態を把握して指導に生かすよう努める必要がある。ただし、道徳の時間に関して数値などによる評価は行わないものとする。

　平成10年の学習指導要領では、道徳の時間に関して、各教科における評定といった表現ではなく、数値などによる評価は行わないとしています。

　平成11年の「小学校学習指導要領解説　道徳編」に評価に関わる記述があります。評価に関わる記述が「道徳教育における児童理解と評価の意義」として、新たに「児童理解」といった文言を加えました。

　そして、子どもの道徳性については、一人一人の子どもが道徳教育の目標や内容を窓口として、どの程度成長したかを明らかにするように努めることが大切であり、客観的な理解の対象とされるものではなく、教師と子どもの温かな人格的な触れ合いやカウンセリング・マインドに基づいて、共感的に理解されるべきものであるとしています。そして、教師は、指導の前後における子どもの心の動きの変容などをさまざまな方法で捉え、それによって自らの指導を評価するとともに、指導方法などの改善に努めることが大切であるとして、学習状況の把握と授業改善にも言及しています。

　また、子ども理解を強調していることから、これまで道徳性の「評価の観点と方法」としていた見出しを「理解と評価の観点と方法」と改めました。そして、理解の観点に関して、子どもは一人一人がよりよく生きる力をもっているという信念と、子どもの成長を信じ願う姿勢が教師にとって最も重要であるとしています。教師自らが心を開き、子どもと心が触れ合えるようにしようとすること、つまり、共感的理解によって評価がなされ

なければならないとしています。

　道徳性の諸様相の評価についても、道徳性の諸様相の理解として諸様相の評価を説明しています。

　道徳的判断力については、これまでの判断に加えて思考を把握する旨を示しています。道徳的心情では、道徳的に望ましい感じ方、考え方や行為に対する感情だけでなく、望ましくない感じ方、考え方や行為に対する感情の把握にまで言及しています。道徳的実践意欲と態度については、これらが学校や家庭での生活の中でどれだけ芽生え、また定着しつつあるか等を把握する必要性を述べています。なお、道徳的習慣についての説明に変わりはありません。

　前述のとおり、平成11年の「学習指導要領解説　道徳編」における評価については、子ども理解を重視していることから、評価の方法の解説に先だって、学校生活における教師と子どもの心の触れ合いを通して、子どもの道徳性を共感的に理解し評価することを述べています。

　評価方法例は、これまでの方法を概ね踏襲していますが、検査法が除かれています。観察法では、具体的に子どもを周りから観察する方法と、ともに活動しながら観察する方法を挙げて、子ども理解に生かすことが示されています。面接法では、特にカウンセリング・マインドなど、面接の心構えや技法の習得に努める必要性を述べています。質問紙法では、ゲスフー・テストを削除するとともに、質問紙を通して子どもの自己評価の重要性に言及しています。また、質問紙を子ども理解の深化に多様に活用することが示されています。

　また、これまで作文による方法としていた見出しは、「作文や日記、ノート、ワークシートなどによる方法」に改められました。そして、子どもの記述の行間に込められた思いを共感的に理解する姿勢が大切であるとしています。さらに、教師が作文やノートワークシートに、共感的・受容的なコメントを加えて返却することは、教師と子どもの心の触れ合いを深め、子どものよりよく生きる意欲を喚起することにもなるとしています。その他の方法としては、投影法が除かれて各種テストが示されました。この中には、道徳性診断テストなどが想定されているものと考えられます。

これまでの道徳教育の評価の考え方

テストの活用に当たっては、その目的や注意事項をよく理解して使用する必要性が記されています。

「評価の活用と留意点」といった見出しは、「理解と評価の創意工夫と留意点」に改められました。具体的事項は概ね踏襲していますが、特に指導を要する場合の対応として、スクールカウンセラー等の専門家の助言を求めることが加筆されています。

道徳の時間の指導に関する評価については、基本的に平成元年の考え方を踏襲していますが、指導過程に関する評価の観点、指導の諸方法を評価する観点に関わる評価の方法として、子どもの反応及び変容に基づく具体例を以下のように示しています。

ア　授業中の子どもの発言内容の変化を分析する。
イ　授業の終末に配付するワークシートに「この時間に、新たに学んだこと、思ったこと（感じたこと）、考えたこと、これからしようと思っていること」などを記入し、子ども自身が自らの内面で起こった変化のプロセスを振り返れるようにする。
ウ　授業の事前と事後に質問紙法による自己評価方式のアンケートを行い変容を確かめる。
エ　授業前後の子どもの学校生活の様子を観察し比較する。
オ　授業後の日記や道徳ノートで、授業の反応や学習が発展しているかなどを確かめる。

平成 20 年　学習指導要領

第3章　道徳　第3の5

> 児童の道徳性については、常にその実態を把握して指導に生かすよう努める必要がある。ただし、道徳の時間に関して数値などによる評価は行わないものとする。

　平成20年の学習指導要領における道徳性の評価に関わる記述は平成10年のものと変わっていません。
　平成20年の「小学校学習指導要領解説　道徳編」に評価に関わる記述は次のとおりです。
　道徳教育における評価の意義は、平成11年の「小学校学習指導要領解説　道徳編」を概ね踏襲していますが、評価の基本的態度については、大切にすべきこととして、子ども自身が自己の姿をどのように理解し、自己のよりよい生き方を求めていく意欲や努力をどのように評価しているかを子どもの立場に即して理解しようとすることと、子どもの自己理解を一層重視しています。そして、このことで評価が子どもの意欲や努力をその内面から支えていくことが可能になるとしています。
　なお、見出しを「評価の観点と方法」として前回の「理解」を削除していますが、道徳性の諸様相に関わる観点は、前回を踏襲しています。また、評価の方法として、「観察による方法」の内容は概ね同様ですが、「会話」を加えて「観察や会話による方法」としています。子どもの記述に関わる方法は、作文やノートなどの記述による方法としてワークシートを削除しています。
　評価の創意工夫と留意点では、子どもの生活を知るための資料に関わる記述を削除しています。
　また、平成元年に導入した「道徳の時間の指導に関する評価」という節を削除して、評価の創意工夫と留意点の項で道徳の時間について触れてい

ます。具体的には次のとおりです。
- 道徳の時間における子どもの様子に関する評価は、慎重かつ計画的に取り組む必要があること
- 道徳の時間は、子どもの人格そのものに働き掛けるものであるため、その評価は難しいが、可能な限り子どもの変化を捉え、それらを日常の指導や個別指導に生かしていくように努めること

【参考文献】
- 「小学校道徳指導書」昭和33年　文部省
- 「小学校道徳についての評価」昭和37年　文部省
- 初等教育実験学校報告書1「小学校道徳の評価」昭和36年　文部省
- 「小学校指導書　道徳編」昭和44年　文部省
- 「小学校指導書　道徳編」昭和53年　文部省
- 「小学校指導書　道徳編」平成元年　文部省
- 「小学校学習指導要領」平成13年　文部省
- 「小学校学習指導要領」平成20年　文部科学省
- 「小学校学習指導要領」平成29年　文部科学省
- 「教育評価法総説」昭和42年　橋本重治　金子書房

第4章

道徳科の評価の基本的な考え方

学習指導要領に示されている道徳科の評価

　平成27年の学習指導要領一部改正において、道徳教育について、学校の教育活動全体を通じて行う道徳教育に関わることは第1章総則に、道徳科として行う道徳授業に関わることは第3章　特別の教科道徳に示されるようになりました。

　改正前の道徳教育の評価に関わる記述は以下のとおりです。

第3章　道徳　第3の5

> 　児童の道徳性については、常にその実態を把握して指導に生かすよう努める必要がある。ただし、道徳の時間に関して数値などによる評価は行わないものとする。

　この項は、前半に学校の教育活動全体を通じて行う道徳教育で養う道徳性の把握を述べています。そして、後半は但し書きで道徳の時間における評価について述べています。
　これまで、学校の教育活動全体を通じて行う道徳教育と道徳授業を一体として捉えて道徳性を養うものであるために、これらが截然と分けられていなかった経緯があります。これからも、道徳科を要として教育活動全体を通じて行う道徳教育を推進するといった基本的な考え方は変わりませんが、道徳科と教育活動全体で行う道徳教育の役割をより明確にするために前述のような改善を図りました。このことの詳細は第3章「平成10年の学習指導要領」を参照してください。

　平成27年の一部改正では、評価に関わる事項が以下のように示されました。

第3章　特別の教科　道徳　第3の4

> 　児童の学習状況や道徳性に係る成長の様子を継続的に把握し、指導に生かすよう努める必要がある。ただし、数値などによる評価は行わないものとする。

　平成27年の記述は、前半に評価の対象と配慮事項、後半に数値などの評価を行なわないとする確認事項が示されています。

　但し書きがないのは、この項は第3章に掲げられたものであり、第3章はすべて道徳科の授業に関わることであるためです。この記述から、道徳科における評価の対象は道徳性ではなく、道徳科の授業における子どもの学習状況と道徳性に係る成長の様子ということが明確に理解できます。

道徳科の評価の基本的な考え方

　道徳科の評価の基本的な考え方は、「学習指導要領（平成29年告示）解説　特別の教科　道徳編」に示されています。具体的な記載事項を確認することにします。

1　道徳科における評価の意義

　学習評価はこれまで述べてきたように、学習の結果を単に値踏みすることが目的ではなく、子どもにとっては自らの成長を実感し学習意欲の向上につなげていくものであり、教師にとっては、自らの指導の目標や計画、指導方法の改善・充実など授業改善を図るために生きるものでなければなりません。

　学校教育の充実を図る上では、カリキュラム・マネジメントが重要ですが、そのためには、周到な指導計画の下に、そこに示された目標に基づいて教育実践を行い、指導のねらいに基づいて子どもの学習状況を把握するとともに、そのことを踏まえて、指導の改善・充実を図るサイクルが必要

不可欠なのです。

また、学習指導要領の総則には、「児童のよい点や進歩の状況などを積極的に評価し、学習したことの意義や価値を実感できるようにすること」とあるように、学習評価の基本的な考え方は、他者との比較ではなく子ども一人一人のよい点や可能性などの多様な側面を把握するとともに、それらが年間や学期にわたってどれだけ成長したかという視点を大切にすることが重要だとしています。

道徳科の評価についても、こうした基本的な考え方の下、授業を通して把握した学習状況や道徳性に係る成長の様子が指導に生かされ、結果的に子どもの道徳性を養うことにつながるものでなくてはなりません。

2 道徳科で行う評価の対象

前述のとおり、道徳科の授業の結果として把握すべきことは、子どもの学習状況であり、その積み重ねによる道徳性に係る成長の様子です。

道徳科の授業は、学習指導要領に示された道徳科の目標に向かって行います。以下は、道徳科の目標です。

> 第1章総則の第1の2の（2）に示す道徳教育の目標に基づき、よりよく生きるための基盤となる道徳性を養うため、道徳的諸価値についての理解を基に、自己を見つめ、物事を多面的・多角的に考え、自己の生き方についての考えを深める学習を通して、道徳的な判断力、心情、実践意欲と態度を育てる。

このことから、道徳科は道徳性を養うことを目指していることが分かります。そして、道徳科の授業においては養う道徳性の中身が道徳的判断力、道徳的心情、道徳的実践意欲、道徳的態度であり、これらを道徳性の様相としています。

道徳科の授業は、学校の教育活動全体を通じて行う道徳教育の要としての役割があります。要としての役割とは、教育活動全体で行われた道徳教育で指導の機会が少なかったことを補い、指導をより深めたり、個々に

行っていた指導を取りまとめたりすることです。これを、補充、深化、統合と言います。道徳授業において、補充、深化、統合をするに当たって、養うべき道徳性をより焦点化して指導することが求められます。そこで、授業のねらいを道徳的判断力、道徳的心情、道徳的実践意欲、道徳的態度のいずれかに焦点を当てることになるのです。

　解説では、道徳的判断力、道徳的心情、道徳的実践意欲、道徳的態度を道徳性の諸様相としています。つまり、これらは道徳性であると言えるでしょう。

　道徳性とは、よりよく生きるための基盤となるものであり、人格の基盤となるものです。子どもたちが今後出合うであろうさまざまな場面、状況において、道徳的行為を主体的に選択し、実践するための内面的な資質・能力です。道徳性は、徐々に着実に養われることで潜在的、持続的な作用を行為や人格に及ぼすもので、一朝一夕に養えるものではありません。また、よりよい生き方には決まった形があるということではありません。つまり、道徳性が養われたか否かを把握することは容易ではないということです。

　道徳科で養う道徳性は、子どもたちが将来いかに人間としてよりよく生きるか、出合うであろうさまざまな問題に対してどう適切に対応するかといった個人の問題に関わるものです。このことから、小学校の段階でどれだけ道徳的価値を理解したかなどの基準を設定することはふさわしいとは言えません。また、1時間の道徳授業によって、子どもたちの道徳性が養われたか否か、具体的には、道徳的判断力が高まったのか、道徳的心情が養われたかなどを把握することは困難です。授業は道徳性を養うために行いますが、指導の結果として道徳性そのものの状態を把握するのではなく、道徳性を養うための学びがどうであったのかを把握することが現実的でしょう。

　道徳性の諸様相である道徳的な判断力、道徳的心情、道徳的実践意欲と道徳的態度のそれぞれについて分節し、学習状況を分析的に捉える観点別評価を通じて子どもを見取ろうとすることは、子どもの人格そのものに働きかけ、道徳性を養うことを目標とする道徳科の評価としては妥当ではな

いことが解説にも示されています。

　また、こうした子どもたちの学びについて数値などによる評価は行わないということです。道徳授業は、道徳性を養うための学習を行うものです。道徳性は、前述のとおり子どもたちの人格全体に関わるものであることから、評価基準を基にした3、2、1やA、B、Cなどの評語によって評定すべきではありません。道徳科の学習においては、子ども一人一人の個人内の成長の過程を重視することが適切であると考えられます。

3　学習状況や道徳性に係る成長の様子についての評価とは

(1)評価の基本的態度

　道徳科においては、道徳性を養うことがねらいですが、前述のとおり、道徳性が養われたか否かは、容易に判断できるものではありません。しかし、道徳性を養うべく指導を行った以上、その指導について子どもたちがどうであったのか評価を行うことは必要不可欠です。

　そこで、道徳性を養うことを学習活動として行う道徳科の指導では、その学習状況や成長の様子を適切に把握して評価することが考えられます。道徳授業は、学校の教育活動全体を通じて通して行う道徳教育の要としての役割をもち、これらを補充、深化、統合することになります。学校によって道徳教育の重点目標が異なるため、学校で行われる道徳教育の具体的な指導も異なります。そうすると、それらを補充、深化、統合する道徳

図7　授業者の指導観と評価の視点①

授業で行われる学習も一様ではありません。子どもの学習状況は指導によって異なるのです。

(2)学習状況の把握とは

　道徳科における子どもの学習状況を把握するためには、授業者が１時間の授業で一定の道徳的価値について何をどのように考えさせるのか、明確な指導観をもって授業を構想することが重要になります。子どもたちにとっては、何をどのように考えるのか、これが具体的な学習であり、この学習の有り様が学習状況ということです。このことから、授業者が、道徳科における指導と評価の考え方について明確にした指導計画を作成することが求められるのです。

　例えば、授業者が子どもたちの実態などから、子どもたちが教材の中の登場人物に自我関与して、友達と互いに高め合うことのよさを考えさせたいと考えた場合、授業で展開したい学習は、子どもたちが登場人物と自分自身を重ねあわせて、友達同士が高め合うことのよさについて考えることであり、このことを行っているかどうかを把握することが評価の視点になります。

　また、授業者が、節度を守って行動することは大切なことではあるが、つい度を過ごしがちな人間の弱さを考えさせたいという意図であれば、子どもたちがこのことを考えているかどうかを把握することが評価の視点に

節度を守って行動することは大切なことであるが、度を越しがちな人間の弱さを考えさせたい

評価の視点　授業で展開したい学習は、子どもたちがつい度を越しがちな人間の弱さを考えているか

図8　授業者の指導観と評価の視点②

道徳科の評価の基本的な考え方

なるのです。

　さらに、授業者が期待する学習についてその状況を把握することが大前提ですが、このことに加えて、例えば、道徳科の特質である道徳的価値の理解について読み物教材の登場人物に自我関与して道徳的価値について考えたり、対話的な学びを通して道徳的価値の理解を深めたりすること、自己を見つめることについて現在の自分自身を振り返り自らの行動や考えを見直していること、その上で、道徳的価値についての思いや課題を培っていること、多面的・多角的に考えることについては道徳的価値をさまざまな側面から考察したり、関連する道徳的価値に考えを広げたりする様子がうかがえた場合には、これらの学習状況もよさとして見取ることも大切です。

(3)道徳性に係る成長の様子とは

　道徳性に係る成長の様子とは、道徳性の成長の様子ではありません。道徳性に係るとは、道徳性に関係する、あるいは関連するということです。つまり、道徳性を養うために行う学習の様子がどのように成長しているの

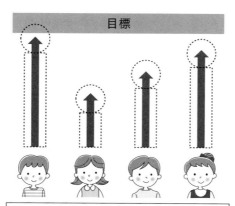

図9　学習状況の把握

かを把握するということです。

　具体的には、一人一人の子どもについて
ア　道徳的価値の理解に関してどのような成長が見られるのか
イ　自己を見つめることに関してどのような成長が見られるのか
ウ　物事を多面的・多角的に考えることに関してどのような成長が見られるのか
エ　自己の生き方についての考えを深めることに関してどのような成長が見られるのか
　ということです。

　例えば、道徳的価値の理解について、「親切は大切なことだ」といった観念的な理解をしていた子どもが、自分自身の経験やそれに伴う感じ方、考え方を基に自分事として理解できるようになったこと、自己を見つめることについては、単に経験だけを想起していた子どもが経験に伴う感じ方、考え方も合わせて振り返れるようになったこと、物事を多面的・多角的に考えることについては、一面的な見方から多面的な見方ができるようになったこと、自己の生き方についての考えを深めることについては、道徳的価値に関わる思いや課題がやや漠然としていた子どもが、現在の自分自身の自覚に基づいて考えを深めるようになったことなどを把握することが考えられます。

　道徳性に係る成長の様子を把握するためには、1時間1時間の授業を着実に積み上げ、一人一人の子どもの学習状況を把握していくことが大前提になります。なお、学習状況の把握を積み上げるということは、毎時間、すべての子どもの学習状況を詳細に把握するということではありません。このことについては後述します。

4 道徳科の評価における配慮事項

道徳科における評価には次のような配慮が求められます。

1 数値による評価ではなく、記述式であること。

　学校教育においては、数値などによる評価を行う教育活動があります。各教科は数値などの評価を行います。
　指導要録の記載に当たって、各教科の学習の記録として、観点別学習状況及び評定を記入することになっています。

(1)観点別学習状況

　観点別学習状況については、学習指導要領に示されている各教科の目標に照らして、その実現状況を観点ごとに評価し記入するものです。観点については、現行の学習指導要領に基づく学校教育においては、平成12（2000）年の教育課程審議会答申「児童生徒の学習と教育課程の実施状況の評価の在り方について」で示された「関心・意欲・態度」「思考・判断」「技能・表現」「知識・理解」の4観点ですが、平成28年の中央教育審議会答申「幼稚園、小学校、中学校、高等学校及び特別支援学校の学習指導要領等の改善及び必要な方策等について」には、目標に準拠した評価の実質化や教科・校種を超えた共通理解に基づく組織的な取組を促す観点から、小・中・高等学校の各教科を通じて「知識・技能」「思考・判断・表現」「主体的に学習に取り組む態度」の3観点に整理することの必要性が示されているところです。
　観点別学習状況は、それぞれの観点について、「十分満足できる」状況と判断されるものをA、「おおむね満足できる」状況と判断されるものをB、「努力を要する」状況と判断されるものをCのように区別して評価を記入することとしています。これは、正に数値などによる評価ということです。

(2)評定

　小学校（特別支援学校小学部も含む）おける各教科の評定については、第3学年以上の各教科の学習の状況について、学習指導要領に示す各教科の目標に照らして、その実現状況を総括的に評価し記入することになっています。

　各教科の評定は、学習指導要領等に示す各教科の目標に照らして、その実現状況を「十分満足できる」状況と判断されるものを3、「おおむね満足できる」状況と判断されるものを2、「努力を要する」状況と判断されるものを1のように区別して評定を記入します。これも、数値による評価です。

　評定は各教科の学習状況を総括的に評価するものであり、「(1) 観点別学習状況」において掲げられた観点は、分析的な評価を行うもので各教科の評定を行う場合の基本的な要素となるものであることに十分留意する必要があります。

　道徳科の学習状況の評価は、道徳性の諸様相である道徳的判断力、道徳的心情、道徳的実践意欲と道徳的態度のそれぞれについて分節し、学習状況を分析的に捉える観点別評価を通じて子どもを見取ろうとすることは、子どもの人格そのものに働きかけ、道徳性を養うことを目標とする道徳科の評価としては妥当ではないこと、道徳性を養うことを目標として行う学習の実現状況や到達状況ではなく、学びの姿としての学習状況について、そのよさや学習を積み上げたことで見られる成長の様子を文章で記述することとしています。

> ② 他の児童生徒との比較による相対評価ではなく、児童生徒がいかに成長したかを積極的に受け止め、励ます個人内評価として行うこと。

　学習評価について、評価のために収集した資料を処理する考え方として、目標に準拠した評価、集団に準拠した評価、個人に準拠した評価が挙げられます。それぞれの特徴は以下のとおりです。

(1)目標に準拠した評価

　学習目標を子どもたちがどの程度達成したのかを把握して、あらかじめ設定した評定規準に従って、当てはまる段階の数字や記号などで表示する方法です。

　現在の学校教育における学習評価はこの考え方に基づいています。前述のとおり、各教科については、観点別学習状況で、「十分満足できる」状

図10　目標に準拠した評価の例

況と判断されるものを「A」、「おおむね満足できる」状況と判断されるものを「B」、「努力を要する」状況と判断されるものを「C」としたり、評定として「十分満足できる」状況と判断されるものを「3」、「おおむね満足できる」状況と判断されるものを「2」、「努力を要する」状況と判断されるものを「1」としたりします。また、特別活動においては、各学校が自ら定めた特別活動全体に係る評価の観点により、各活動、学校行事ごとに、評価の観点に照らして十分満足できる活動の状況にあると判断される場合に、○印を記入し、そうでない場合は空欄にすることも目標に準拠した評価と言えます。

さらに、行動の記録についても、特別活動と同様に各項目の趣旨に照らして十分満足できる状況にあると判断される場合に○印を記入することになっているので、目標に準拠した評価における2段階評定ということができます。

目標に準拠した評価においては、目標を客観的に具体化して、子どもたちの実現状況を適切に把握することが求められます。

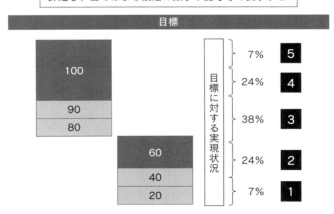

図11 集団に準拠した評価の例

道徳科の評価の基本的な考え方

(2)集団に準拠した評価

　学習目標を子どもたちがどの程度達成したのかを把握して、学級や学年などの集団の中での相対的位置に従い、あらかじめ設定した評定規準によって当てはまる段階の数字や記号などで表示する方法です。この方法では、子どもを他の子どもと比べて捉える上で有効と言われています。

　学級や学年などの集団において、平均的な実現状況を「3」として、それよりも特に優れた程度のものを「5」、特に劣る程度のものを「1」、「5」と「3」の間を「4」、「3」と「1」の間を「2」といった評語を設定します。そして、それぞれの割合を「5」と「1」は全体のそれぞれ7％、「4」と「2」を24％、「3」を38％として、子どもを位置づけていきます。

　この方法は、一定の集団において評価をする際に、誰が行っても同様の評定となるよさはありますが、子どもたちの実現状況が同じでも、集団によって評定が異なることがあるという問題もあります。

　例えば、テストで80点をとった子どもが、平均点が60点の集団においては「5」や「4」の評定になりますが、平均点が85点の集団では「3」あるいは「2」の評定になることが考えられます。また、評定が実現状況そのものを示していないということも生じてしまいます。さらに、子どもたちの不必要な競争心をあおることも懸念されます。

　この方法は、平成3年の指導要録の改訂に至るまで、指導要録における各教科の評定において、一定の比率を定めて子どもを機械的に割り振ることの内容に留意することとはしていましたが、この考え方によって評定をしていました。

(3)個人に準拠した評価（個人内評価）

　一人一人の子どもについて、優れたところや努力を要するところを把握して、個人の特徴として認めていく考え方です。一人一人の子どもの学習状況を横並びにして、突出したところを個人のよさとして認めたり、時系列に並べて成長の様子を認めたりします。

　指導要録では、平成13（2001）年の指導要録の改善等についての通知において、子ども一人一人のよい点や可能性、進歩の状況などを評価する

個人内評価の例① 横断的

個人の目標に向けた学習状況ごとに横並びにして、突出したところをよさと認める

個人内評価の例② 縦断的

学習状況や道徳性に係る成長の様子を継続的に把握

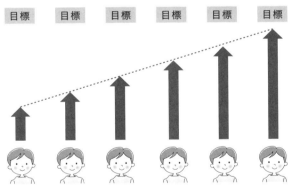

個人の目標に向けた学習状況ごとに横並びにして、突出したところをよさと認める

図12　個人内評価の例

道徳科の評価の基本的な考え方

ため、個人内評価を工夫することが示されています。そして、指導要録の「総合所見及び指導上参考となる諸事項」の記入に際して、個人内評価が推奨されました。

　個人内評価は、他の子どもとの比較によるものではないので、すべての子どもに対してよさや成長の様子を伝えることができたり、一人一人の努力を認めたりすることができます。子どもたちの学習状況を適切に把握して、そのよさや可能性を見いだし、子どもたちにフィードバックすることによって、子どもたちの学習意欲を高めることが期待できます。

　道徳科が目指すものは道徳性を養うことです。道徳性は、子どもたちが今後出合うであろうさまざまな場面、状況において、道徳的行為を主体的に選択し、実践するための内面的な資質・能力です。つまり、道徳科の授業においては、子どもたちが昨日よりも今日を、今日よりも明日をよりよく生きようとする思いを高めるようにすることが大切です。1時間の学習展開と同時に、子どもたちがよりよく生きてみよう、よりよく生きたいという思いにつながる評価を工夫することが何よりも重要です。

> ③ 他の児童生徒と比較して優劣を決めるような評価はなじまないことに留意する必要があること。

　道徳科の授業でもっとも大切なことは、授業者が明確な指導観に基づいて、一人一人の子どもが授業で扱う一定の道徳的価値に自分事として向き合い、これまでの自分の経験やそれに伴う感じ方、考え方などを基に、多面的・多角的に考えられるようにすることです。

　そして、一人一人の子どもがこのような学習をどのように行っているのかを把握することが大切です。道徳科の目標は、道徳的判断力、道徳的心情、道徳的実践意欲及び態度といった道徳性を養うことです。つまり、道徳科における学習状況や道徳性に係る成長の様子を把握するということは、子どもの人格そのものに働きかけ、一人一人の子どもがいかに成長したかを積極的に受け止めて認め、励ます視点から行うものでなければなりません。こうした理由から、道徳科の評価では一人一人のよさや成長を個々の特徴として認めていく考え方である個人内評価が求められているのです。

　このような考え方から、子どもの学習状況を他の子どもと比較したり、成長の度合いを対比したりすることに意味がないことなのです。一人一人の子どもの生き方は、これまでもこれからも一人一人同様ではないのです。

　また、道徳科の評価は、多くの中から優れたものを入学者として選び出す入学者選抜には到底なじまないものであることは言うまでもありません。したがって、道徳科の評価は調査書には記載せず、入学者選抜の合否判定に活用することのないようにしなければならないのです。

> **4** 個々の内容項目ごとではなく、大くくりなまとまりを踏まえた評価を行うこと。

　個々の内容項目ごとではなく、大くくりなまとまりを踏まえた評価について考えます。

　道徳科の内容項目は、そのすべてが道徳科を要として学校の教育活動全体を通じて行う道徳教育の基底となるものです。それぞれの内容項目の特質を基に、子どもの発達の段階を踏まえて、子ども自身が主体的に道徳性を養うようにする必要があります。

(1)道徳性と内容項目

　道徳科の目標である道徳性と内容項目との関係性について考えてみます。道徳性はこれまで説明したように、よりよく生きるための基盤となるものであり、人格の基盤となるものです。そして、学校教育においてはその様相を道徳的判断力、道徳的心情、道徳的実践意欲、道徳的態度としています。例えば、道徳的判断力とは、それぞれの場面において善悪を判断する能力です。それは、人間としてよりよく生きるために道徳的価値が大切なことを理解し、さまざまな状況下において人間としてどのように対処することが望まれるかを判断する力とされています。また、道徳的心情は、道徳的価値の大切さを感じ取り、善を行うことを喜び、悪を憎む感情のことです。つまり、道徳性の様相は、道徳的価値と相まってよりよく生きることに作用するものと言えます。

　例えると、道徳性の様相は器であってとても大切なものですが、器だけでは機能しません。そこに道徳的価値が入ることでよりよく生きるために機能するということです。

　道徳的価値とは、よりよく生きるために必要なものであり、人間としての在り方や生き方の礎となるものです。道徳的価値は多様に存在しますが、学校教育においては、子どもの発達の段階を考慮して指導内容として再構成したものが内容項目です。

個々の内容項目は言うまでもなく大切なものですが、私たちの日常生活の中には、そこに含まれる道徳的価値が単独で存在することは稀で、さまざまな道徳的価値が関わり合いながら人間としてよりよく生きるための実践につながります。

　したがって、子どもたちが個々の道徳的価値についてどのような学びをしたかを詳細に分析して把握することよりも、よりよく生きることにつながる学びを鳥瞰することが大切ではないかということです。このような考え方で子どもたちの道徳科における学習状況や道徳性に係る成長の様子を把握しようということです。学習の一部分だけを見て判断するのではなく、一定期間の学びの中からよさを見いだすようにすることが大切です。「木を見て森を見ず」ということにならないように、大所高所から子どもたちの学びのよさを把握するようにしたいところです。

(2)子どもの見取りと授業改善

　現実的にも年間35単位時間の道徳科の授業において、すべての子どもたちの学習状況を綿密に把握するということは困難でしょう。しかし、授業者が評価の視点をもって子どもたちの学習状況を把握することは大切なことです。明確な指導観に基づいて、授業で行われるべき学習を明らかにすることで、そのことが評価の視点となります。そして、その視点で子どもの学習状況を見ることで顕著な発言やつぶやき、活動などを把握することができるのです。そのような顕著な姿が見られた子どもについてはそのことを学習状況として記述することができます。

　一方で、顕著な姿を見ることができなかった子どももいます。授業者が、そのような状況を把握したら何を考えるでしょうか。授業者が真剣に子どもたちに向き合っているのであれば、顕著な姿が見られなかった子どもたちを次の授業では、生き生きとした学びができるようにしたいと考えるはずです。

　こうした考えに基づいて指導の工夫・改善を図ることを授業改善と言います。授業改善は、子どもたちの学習状況の把握なしにはあり得ないのです。そして、授業改善によって前時には顕著な姿が見られなかった子ども

に生き生きとした学びの姿が見られたら、そのことを学習状況として記述をすればよいのです。このような授業を何回か繰り返すことによって、学級のすべての子どもたちの学習状況を把握することができるのです。

このように、道徳科における子どもたちの学習状況については、ある程度の時間的な幅をもたせて把握することが考えられるのです。このこともある意味で、「大くくりなまとまりの中で」と言えるかもしれません。

なお、「大くくりなまとまりを踏まえた」とは、一定期間行った指導の結果としての学習状況について、その学びのよさを把握するということで、個別の教材や個別の内容項目に関わる記述をしないということを意味するものではありません。個々の内容項目ごとの評価をするのではないということです。また、特定の授業の様子だけを取り上げてよさを記述するということではありません。子どもが一定期間に行った授業の中から、学びのよさを見いだすということです。

例えるならば、一回の釣りで大物が釣れたのでそのことだけを取り上げるのではなく、何回か行った釣りで釣れた魚の中からよいものを見いだすというようなことです。

教師の記述を見た子どもたちがその記述に納得して、自分自身をしっかり見つめていこう、人間としてよりよく生きていこうとする思いをふくらますことができるようにすることが求められるのです。漠然とした記述や一般的な記述ではこうした効果は期待できないでしょう。一定期間の学習を鳥瞰して、授業者が確信のもてるより具体的な記述を心掛けたいところです。

図13　大くくりなまとまりを踏まえた評価のイメージ

> 5 発達障害等のある児童や海外から帰国した児童、日本語習得に困難のある児童等に対して配慮すべき観点等を学校や教員間で共有すること。

　発達障害等のある子どもが通常の学級に在籍することは少なくありません。そこで、道徳科においてこれらの子どもたちに対する指導や評価を行う上では、それぞれの学習の過程で考えられる「困難さの状態」をしっかりと把握した上で必要な配慮を行うことが求められます。

　主な発達障害について、文部科学省では次のように定義しています。

(1)自閉症

　3歳位までに現れ、他人との社会的関係の形成の困難さ、言葉の発達の遅れ、興味や関心が狭く特定のものにこだわることを特徴とする行動の障害。中枢神経系に何らかの要因による機能不全があると推定される。

(2)高機能自閉症

　3歳位までに現れ、他人との社会的関係の形成の困難さ、言葉の発達の遅れ、興味や関心が狭く特定のものにこだわることを特徴とする行動の障害である自閉症のうち、知的発達の遅れを伴わないものをいう。また、中枢神経系に何らかの要因による機能不全があると推定される。

(3)学習障害（LD）

　基本的には全般的な知的発達に遅れはないが、聞く、話す、読む、書く、計算するまたは推論する能力のうち、特定のものの習得と使用に著しい困難を示すさまざまな状態を指すものである。学習障害は、その原因として、中枢神経系に何らかの機能障害があると推定されるが、視覚障害、聴覚障害、知的障害、情緒障害などの障害や、環境的な要因が直接の原因となるものではない。

(4) 注意欠陥・多動性障害（ADHD）

　年齢あるいは発達に不釣り合いな注意力、または衝動性、多動性を特徴とする行動の障害で、社会的な活動や学業の機能に支障をきたすものである。７歳以前に現れ、その状態が継続し、中枢神経系に何らかの要因による機能不全があると推定される。

　例えば、他者との社会的関係の形成に困難がある子どもの場合であれば、相手の気持ちを想像することが苦手で字義通りの解釈をしてしまうことがあることや、暗黙のルールや一般的な常識が理解できないことがあることなど困難さの状況を十分に理解することが求められます。その上で、教材提示を工夫するなどして道徳的価値に関わる問題を把握できるようにしたり、動作化や劇を活用するなどして登場人物への自我関与を深め他者の心情を理解できるようにしたりする工夫が必要になります。

　そして、評価を行うに際にも、個々の困難さの状況を配慮することが必要です。発言やワークシートへの記述がなかったことから考えていないなどと短絡的に捉えることがないようにして、授業者の指導観に基づいて子どもが道徳的価値を自分事として考えているか、これまでの自分を見つめているかといった学習状況を丁寧に把握することが大切です。

　発達障害等のある子どもの学習状況や道徳性に係る成長の様子を把握するためには、授業者は子どもたちから対話を通して、道徳的価値に関わる感じ方、考え方を把握することが有効です。道徳科の評価は、個人内評価を重視するといった考え方を再確認して、子どもたちのよさを把握することが何よりも大切です。

　また、海外から帰国した子どもや外国人の子どもなどについて、一人一人の子どもの状況に応じた指導と評価を行う上でも重要になります。これらの子どもの多くは、日本語の理解が不十分な場合が少なくないために、他の子どもとの対話が難しかったり、書くなどの表現活動が苦手であったりすることも考えられます。それぞれの子どもの置かれている状況に配慮した指導を行いつつ、子どもたちの学習状況におけるよさを把握することや道徳性に係る成長の様子を把握することが求められます。

道徳科の評価の実際

　前述のとおり、道徳科の評価は、道徳科の授業における学習状況及び道徳性に係る成長の様子を把握することです。そして、把握したそれらの事項を授業改善に生かすことです。1時間の授業が終わったところで、学級の何名かの子どもの学習状況は把握できるでしょう。一方、道徳性に係る成長の様子は1時間の授業だけで把握するものではありません。授業を積み上げることによって見られる道徳的価値の理解や自己を見つめることなどについての成長の様子を把握するためには、ある時期の学習状況と、ある程度の学習を積み上げたときの学習状況とを比較、検討して成長の様子を把握することになります。

　道徳科においては、道徳性そのものではなく、道徳性を養うことを目標として行う学習の実現状況や到達状況ではなく、学びの姿としての学習状況について、そのよさや学習を積み上げたことで見られる成長の様子を文章で記述することとされています。

　道徳科の評価を具体的にどのように行うのかは、各学校に任されています。しかし、設置者である教育委員会等が道徳科における評価の方針を示したとすれば、各学校はそれに基づいて評価を行うことになります。

　道徳科においては道徳性の諸様相を観点とした観点別評価はなじまないとされていますが、子どもたちの学習状況を把握するためには、子どもたちの学習状況を見る視点を定めなければなりません。学習状況を見取る視点とは、教師が設定した「1時間の授業で子どもたちに考えさせたいこと、学ばせたいこと」に基づく学習の状況です。また、このことを基軸にしながら、道徳科において行う学習、つまり、道徳的価値の理解、自己を見つめる、物事、つまり道徳的価値に関わる諸事象を多面的・多角的に考える、自己の生き方についての考えを深めるといった学習において顕著な状況が見られた場合には、そのことをよさと捉えて、評価したいものです。

　道徳科における評価に際しては、教師が授業に対する明確な指導観をも

つことが何よりも重要になるのです。このことによって把握した子どもの学びのよさを学習状況として記述するのです。道徳科の評価に関して、何を記述すればよいのかという問いは、子どもたちに考えさせたいことは何か、つまり、明確な指導観をもっていないところから生じるものです。子どもたちの学びのよさをしっかりと把握できるようにしたいところです。

以下、学習状況の把握については、1時間の授業において子どもの学習状況をどのように把握して、記述していけばよいのかを実践事例に基づいて学年ごとに例示します。

そして、道徳性に係る成長の様子の把握については、把握した学習状況を考察することを通して記述につなげた例を基に説明していきます。

図14　評価の実際

道徳科の評価の基本的な考え方

● 第1学年の指導と評価　　　　　　　　　　　　　　　学習状況の把握

> 「節度、節制」の指導と評価
> 内　容　健康や安全に気をつけ、物や金銭を大切にし、身の回りを整え、わがままをしないで、規則正しい生活をすること。
> 教　材　かぼちゃのつる
> 　　　　文部省　道徳の指導資料　第3集　第1学年

1 主題名　　わがままをしないで　（A　節度、節制）

2 ねらい　　わがままをしないで、規則正しい生活をしようとする態度を育てる。

3 主題設定の理由（指導観）

(1)ねらいとする道徳的価値（授業者の価値観）

　豊かに自己実現を図るためには、度を過ごすことなく規則正しい生活を心掛けるようにすることが大切である。ともすると自分の欲求のおもむくままに行動しがちであるが、自らを節制し、程よい生活をできるようにすることが自己の確立につながる。自分の欲求を節制し節度をもって生活することのよさを感得させたい。

(2)児童の実態（児童観）

　自分の欲求を節制し節度をもって生活することのよさを感得できるようにするために、以下のような指導を行った。

①図画工作科

　子どもは創作活動を好み意欲的に行っているが、ともすると、夢中になるあまり教師の指示を聞けずに失敗することもある。そこで、話を聞く、創作活動をするといっためりはりのある学習を行わせ、節度ある行動を称賛した。

②学級活動

　話合い活動では、自分の発言したい気持ちだけでなく、それを押さえて

友達の発言を聞くことの大切さを指導した。子どもは自分が言いたいことがあっても友達の発言をしっかりと聞けるようになった。

この結果、子どもは今やるべきこと、やるべきでないことを理解して自分の欲求を節制できるようになってきた。しかし、この時期の発達的特質である自己中心的な考え方により、度を過ごしてしまうこともある。

そこで、度を過ごして失敗したときの嫌悪感を感得させ、節度ある生活をすることの大切さを考えさせたい。

本時の学習の核心
度を過ごして失敗したときの嫌悪感を感得するなど人間理解の深化を通して、節度ある生活をすることの大切さを考える。

---

(3)教材の活用（教材観）

本教材は、周囲の忠告を聞かずに欲求のおもむくままにつるを伸ばし続けたかぼちゃが、通りかかった車につるを切られて後悔する内容である。

子どもがかぼちゃに自我関与して、度を過ごしたわがまま勝手な行動が招いた結果を考えられるようにする。そのために、わがまま勝手にしているときの心情、わがままな行動について忠告されたときの思いなどを自分事として考えられるようにする。嫌悪感を感得する人間理解を深めることで、節度ある生活のよさ、大切さを考えられるようにしたい。

> **■期待する学習活動：学習状況を把握する視点**
> ○かぼちゃに自我関与して、わがままをして失敗したときの思いを考える。（自己を見つめる、人間理解を深める）
> ○我慢して節度ある生活をした経験やそのときの考えや気持ちを想起する。（自己を見つめる、自己の生き方についての考えを深める）

4 学習指導過程

	学習活動、主な発問等	指導上の留意事項
導入	1 「わがまま」な行動について考える。 ○わがままにするとは、どのようなことか。 ・自分のしたいことばかりする ・がまんしないで行動する。	□特定の事例ではなく、わがままな振る舞いの態様を発表させる。
展開	2 「かぼちゃのつる」を視聴して、節度ある行動について考える。 　かぼちゃの心の中を考えていきましょう。 ○つるをぐんぐん伸ばしているかぼちゃは、どんな気持ちだったか。 ・もっともっと伸ばすぞ。 ・自分のやりたいことをどんどんやるぞ。 ・こんなに伸ばして大丈夫かな。 ○みつばちやちょうに注意をされたかぼちゃは、どんなことを考えたか。 ・何をしようが自分の勝手だ。 ・うるさいなあ。関係ないよ。 ・ちょっとやり過ぎたかな。 ◎車にひかれてつるを切られたかぼちゃはどんなことを考えたか。 ・つるを切るなんてひどい車だ。 ・どうしてこんな目にあうのだろう。 ・こんなにつるを伸ばさなければよかった。 ・わがままをしてはいけないんだな。 3 わがままをして失敗した経験とそのときの思いを発表し合う。 ○今までにわがままをして失敗したことはあるか。そのときはどんな思いだったか。	□児童が登場人物に対して親近感を深めることができるようにするために、紙芝居を活用して教材を提示する。 □わがままな振る舞いをしているときの気持ちを自分事として考える。 □わがままな行動をたしなめられたときの考えを自分との関わりで想像させる。 □わがままをして失敗したときの思いを自分事として考えさせる。 □自分の考えをまとめるために、ワークシートに書く活動を取り入れる。 □わがままをして失敗したときの多様な考え方、感じ方に出合わせるために小集団での話合いを行う。 □具体例を挙げた後で振り返らせるようにする。わがままを押さえたときの気持ちを確認する。
終末	4 教師の説話を聞く。	○度を過ごして失敗した教師の体験談を話す。

5 評価の考え方

　本時の学習の核心は、度を過ごして失敗したときの嫌悪感を感得するなど人間理解の深化を通して節度ある生活をすることの大切さを考えることである。次のような子どもの学習状況を把握するようにする。

> (1) かぼちゃに自我関与して、わがままをして失敗してしまったときの思いを自分事として考えている。(人間理解)
> ■評価方法：ワークシートの記述、記述後の話合い

　また、自分自身のわがままな気持ちを想起させるために、わがままをして失敗してしまった体験を想起させる。このことについては、次のような学習状況を把握するようにする。

> (2) 今までの自分を見つめて、自分のわがままな気持ちから、失敗してしまった経験とそのときの思いを表している。(自己理解)
> ■評価方法：発言、つぶやき、授業後の聞き取り

6 授業の概要 (中心発問と振り返りの発問)　◆学習状況の把握

T1　車にひかれてつるを切られてしまったかぼちゃはどんなことを考えたでしょうか。わがままをし過ぎて失敗してしまったね。そのときは、どんなことを考えたかな。ワークシートに書いてみましょう。(ワークシートに書く活動) それでは、発表してもらいましょう。

C1　みんなの注意をちゃんと聞けばよかった。

T2　みつばちやちょう、すいかや子犬の注意を聞けばよかったということですか。

C1　人の注意を聞いていれば、ひかれなかったです。悲しい。

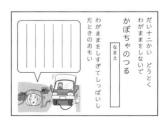

道徳科の評価の基本的な考え方

◆みつばちやちょうなどの注意を、「人の注意」と一般化していることから、C1は問いに対して自分事して考えている。
T3　周りの人たちがせっかく注意をしてくれたのだから、それを聞いた方がよかったですか。
C1　そうすれば、悲しい気持ちにならなかったです。
T4　続いて発表してくれる人はいますか。
C2　わがままをしてしまうこともあるのですが、し過ぎると失敗するからしないほうがいいなあ。
T5　わがままをしてしまうこともあるのですか。
C2　ときどきわがままをしてしまうことがあります。
◆C2は、かぼちゃに自我関与して、自分の経験を基に考えている。
C3　ぼくもわがままをしてしまうことがあるよ。
（自分もあるという声が多く聞かれる）
◆C3は、友達の発言を聞いて、自分はどうだったかと自己を見つめている様子がうかがえる。
T6　そうですか。し過ぎると失敗してしまうのですね。
C4　わがままをし過ぎて、お母さんに叱られました。
◆C4は、登場人物の考えから、自分の経験を想起したものと考えられる。
T7　そうですか。そのときはどんなことを思いましたか。
C4　もう、わがままはやめようと思いました。
T8　あとはどうですか。失敗したかぼちゃは、どんなことを考えたでしょうか。
C5　みつばちやちょうに笑われちゃうなあ。恥ずかしいなあ。
◆C5の発言について、「笑われちゃう」という状況は教材中には見当たらないことから自分の経験に基づいたものと考えられる。
T9　つるを切られてしまったことを笑われちゃうのですか。
C5　注意を聞かないから、つるを切られちゃったんだよって言われちゃいます。
T10　注意を聞いていれば失敗しなかったかな。
C5　人の注意は聞かないとだめです。

T10 みなさん、人の注意は聞かないとだめですか。
C6 だめなんだけれど、聞けないときもあります。
◆ C6は、友達の発言から、自分自身を振り返っている様子がうかがえる。
C7 お兄ちゃんが走っちゃだめって注意したのに、聞かなくて転んだことがあります。お兄ちゃんは、ほら言っただろって言いました。
◆ C7は、友達の発言から、自分自身を振り返っている様子がうかがえる。（以下略）

7 学習状況の把握と記述による評価例

授業における子どもの発言から以下のような学習状況を把握することができる。

■かぼちゃに自我関与して、わがままをして失敗してしまったときの思いを自分事として考えている

C1 人の注意を聞いていれば、ひかれなかったです。悲しい。
→ 節度、節制の学習では、自分が度を過ごして失敗した経験を基にそのときの思いを想起し、失敗しないようにしたいという思いをふくらませていました。

C2 わがままをしてしまうこともあるのですが、し過ぎると失敗するからしないほうがいいなあ。（自分も）ときどきわがままをしてしまうことがあります。
→ 節度、節制の学習では、自分の経験を振り返りながら、度を過ごさないようにすることの大切さを考えていました。

C4 わがままをし過ぎて、お母さんに叱られました。もう、わがままはやめようと思いました。
→ 「かぼちゃのつる」の学習では、度を過ごして失敗したときの思いを自分事として考え、節度を守ろうとする気持ちについて考えました。

C6 だめなんだけれど、聞けないときもあります。
→ 節度、節制の学習では、友達の考えをよく聞いて、それを基に自分自身をしっかりと見つめていました。

道徳科の評価の基本的な考え方

●第2学年の指導と評価　　　　　　　　　　　　　学習状況の把握

「友情、信頼」の指導と評価
内　容　友達と仲よくし、助け合うこと。
教　材　二わのことり
　　　　文部省　道徳の指導資料　第2集　第1学年

---

1 主題名　　ともだちとたすけあおう（B　友情、信頼）

2 ねらい　　友達と仲よくし、助け合おうとする心情を育てる。

3 主題設定の理由（指導観）

(1)ねらいとする道徳的価値（授業者の価値観）

　友達関係は、子どもが最も大切にしたいと考えている人間関係である。子どもの日々の生活が楽しいものになるか否かは、友達関係の状況に左右されるといっても過言ではない。しかし、ともすると自己中心的な考えを優先することで、友達と仲たがいをしてしまうことも少なくない。そこで、友達と仲よくし、助け合おうとする心情を育てるために、友達と協力することのよさや楽しさを実感させていきたい。

(2)児童の実態（児童観）

　友達と協力することのよさや楽しさを実感させるために、以下のような指導を行った。

①生活科

　「あきをさがそう」の学習では、友達同士、力を合わせて秋を探すこと、友達の発見を褒めることを指導した。その結果、木の実や木の葉を見つけた友達に拍手をしたり、見つけたものを友達同士分け合ったりする姿が見られた。

②体育科

　グループによる的当てゲームを行う際に、友達とアイデアを出し合って

ゲームを行うこと、友達のよいプレーは称賛することを指導した。このことで、多くの子どもが友達と力を合わせて、楽しくゲームを行い、満足そうな表情をうかべていた。

さまざまな活動を通して、子どもは友達との関わりに喜びを感じ、友達のことを考えられるようになり、仲よく過ごすことが多くなってきた。一方、友達同士の助け合いも見られるようになってはきたが、十分な状況とはいえない。

そこで、友達同士が仲よくし、助け合おうとする心情を育てるために、助け合いのよさを友達のことを考える立場、友達のありがたさを感じる立場から多面的に考えさせたい。

本時の学習の核心

友達との関わりについて、友情をかける側とかけられる側から多面的に考え、友達同士が助け合うよさを考える。

(3)教材の活用（教材観）

本教材は、みそさざいが誕生日に寂しい思いをしている友達のやまがらのことを考えて、自分の楽しみを差し置いて行動し、互いに友達のよさを実感するといった内容である。

子どもがみそさざいに自我関与して、友達とのうれしそうな様子を見たときの思いを想像することで、助け合うことのよさを考えさせたい。また、寂しい思いをしている友達に対する多様な感じ方、考え方と出合えるように対話を深めたい。

> ■期待する学習活動：学習状況を把握する視点
> ○みそさざいに自我関与して、うれしそうな友達の様子を見たときの思いを考える。（自己を見つめる、価値理解を深める）
> ○友達の思いを推し量る立場と友達のよさを感じる立場を両面から助け合いについて考える。（自己を見つめる、多面的に考える）

道徳科の評価の基本的な考え方

4 学習指導過程

	学習活動、主な発問等	指導上の留意事項
導入	1 友達と一緒にして楽しかったことを発表し合う。 ○友達と一緒にしたことで楽しかったことはあるか。 ・休み時間に一緒に遊んで楽しかった。 ・遠足で一緒に弁当を食べて楽しかった。	□これまでの学校生活での経験を基に、友達との関わりを振り返ることで、友情への方向づけをする。
展開	2 「二わのことり」を視聴して、友達との助け合いについて考える。 ○やまがらの誕生会と音楽会の練習とで迷うみそさざいはどんなことを思ったか。 ・みんながうぐいすの家にいくなら自分も行こうかな。 ・音楽会の練習は大勢で楽しそうだな。 ・やまがらは待っているだろうな。 ○みそさざいが来たとき、やまがらはどんな気持ちだったか。 ・自分を忘れずにいてくれてうれしい。 ・友達はいいなあ。 ◎涙を流して喜んでいるやまがらを見たみそさざいは、どんな気持ちだったか。 ・友達が喜んでくれてよかった。 ・友達が喜んでくれて自分もうれしい。 ・もっと友達のためにがんばろう。 3 友達との関わりを振り返る。 ○今までに友達のことを考えてしたことでよかったことはあるか。そのときの友達の様子はどうだったか。	□児童の登場人物への自我関与を促すためにパネルシアターを活用する。 □友達の喜びと自分の楽しみとで迷う思いを自分事として考えさせる。 □友達が自分のことを思ってくれたことを知ったときの気持ちを自分との関わりで考えさせる。 □友達のことを思ってしたことに謝意を受けたときの気持ちを自分との関わりで考えさせる。 □友達の気持ちや立場を考えて行ったことを想起させる。 □そのことに対する友達の思いを想像させることで友達関係の相互性を意識づけるようにする。
終末	4 教師の説話を聞く。	□教師の友達同士の助け合いの体験談を話す。

5 評価の考え方

　本時の学習の核心は、友達のよさを実感し、友達同士で助け合うことのよさを考えることである。そこで、次のような視点で子どもの学習状況を把握するようにする。

---
(1) みそさざいに自我関与して、友達のことを思ってしたことに謝意を受けたときの気持ちを自分事として考えている。（価値理解）
■評価方法：発言及び話合い

　また、友達同士の助け合いのよさを実感できるようにするために、友達のことを考えてしたことに加えて、そのときの友達の気持ちを想起させるようにする。このことについては、次のような学習状況を把握するようにする。

---
(2) 今までの自分を見つめて、友達の気持ちや立場を考えて行ってよかったことを想起した上で、それに対する友達の気持ちを考えている。
（自己理解）
■評価方法：発言、つぶやき、授業後の聞き取り

---

6 授業の概要 （中心発問と振り返りの発問）　◆学習状況の把握

T1　小さな目にふっと、涙を浮かべたやまがらを見て、みそさざいはどんな気持ちだったでしょうか。自分は楽しみたかったけど、友達のためにしたことが、とっても喜ばれたんだね。そのときはどんな気持ちだったかな。考えてみましょう。（間をとる）
C1　やまがらさんがこんなに喜んでくれるとは思いませんでした。
T2　友達のことを考えてしてあげたら、こんなによろこんでくれたのですね。そのときはどんな気持ちでしたか。
C1　友達が喜んでくれてぼくもうれしいです。

◆友達の喜びを「ぼくも」という言葉から、自分事として考えていることがうかがえる。
C2　うぐいすさんの家は楽しかったけれど、やまがらさんの家に来てよかったな。
T3　本当はうぐいすさんの家にいたかったのですか。
C2　でも、やまがらさんの家に来たら、やまがらさんがたった一人だったので、来てよかったです。
◆友達の置かれている状況を考えて、友達のためにすることのよさを考えている。
T4　うぐいすさんの家にいたかったなという気持ちもあったのですか。
C3　ありません。はじめから行こうと思っていました。
C4　わたしは少しありました。ほかのみんなが音楽会の練習をしているからです。
C5　うぐいすの家にはみんながいるし、明るい梅林にあるからです。
T5　なるほど。自分が楽しめるのに、それでも一人ぼっちの友達のところへ行くのですか。
C5　せっかく誕生日なのに、誰もお祝いしてあげないとかわいそうです。
◆友達のことを考えて、友達のためにできることをしたいという思いがうかがえる。
C6　一人ぼっちの誕生会だと、ちっとも楽しくないです。悲しいです。
◆友達の立場に立って、「自分だったら」という視点で友達の気持ちを想像している。
T5　なるほど。そんな気持ちでやまがらさんの家に行ったのですね。
（以下略）
T6　今までに友達のことを考えてしたことで、よかったことはありますか。思い出してみましょう。（間をとる）
C7　友達が元気がなかったので「どうしたの？」と聞いたら、おなかがいたいと言ったので保健室に一緒に行きました。
T7　そのとき、友達の様子はどうでしたか。
C7　少しうれしそうでした。「どうしたの？」って聞いてよかったです。

◆友達の様子を通して、自分の友達との関わりのよさを考えている。
T8 そうですか。友達がうれしそうにしていてよかったですね。あとはどうですか。
C8 なわとびをしているときに、お友達がずっと見ていたので、やりたいのかなあと思って、「一緒にやろう」と言いました。
T9 友達が一緒になわとびをしたいんだなあって思ったのですか。
(C8 うなづく)一緒になわとびができた友達はどんな気持ちだったかな。
C9 楽しそうにやっていました。やっぱりやりたかったんだなあと思いました。
◆友達の様子を通して、自分の友達との関わりのよさを考えている。(以下略)

7 学習状況の把握と記述による評価例

授業における子どもの発言から以下のような学習状況を把握することができる。

■みそさざいに自我関与して、友達のことを思ってしたことに謝意を受けたときの気持ちを自分事として考えている。

C1 友達が喜んでくれてぼくもうれしいです。
→ 友達のことを考えてしたことが、自らの喜びになることを自分の経験やそのときの思いを基に考えていました。

C2 うぐいすさんの家は楽しかったけれど、やまがらさんの家に来てよかったな。
→ 自分のためよりも、友達のためになることを願い、友達の喜びを自分のこととして考えようとしていました。

■自分を見つめて、友達の気持ちや立場を考えて行ったことを想起した上で、それに対する友達の気持ちを考えている。

C7 少しうれしそうでした。「どうしたの?」って聞いてよかったです。
→ 自分自身を見つめて、自分が友達のためにしたことで友達がどのような気持ちになったのかを振り返り、友情のよさを考えていました。

道徳科の評価の基本的な考え方

●第3学年の指導と評価　　　　　　　　　　　　　　　学習状況の把握

> 「善悪の判断」の指導と評価
> **内　容**　正しいと判断したことは、自信をもって行うこと。
> **教　材**　よわむし太郎
> 　　　　　文部省　小学校道徳の指導資料とその利用1

1 主題名
正しいと思うことは進んで（A　善悪の判断、自律、自由と責任）

2 ねらい
正しいと判断したことは、自信をもって行おうとする態度を育てる。

3 主題設定の理由（指導観）

(1) ねらいとする道徳的価値（授業者の価値観）

人間としてよりよく生きるために、物事の善悪を適切に判断し、よいと判断したことを積極的に行い、よくないと判断したことは断固として行わないようにする態度を養うことが求められる。しかし、ともすると自分の利害得失から正しいと判断したことができなかったり、正しくないことを行ったりすることも少なくない。そこで、正しいと判断したことを自信をもって行おうとする態度を育てるために、どのような状況であっても、適切に善悪の判断することのよさを感得できるようにしたい。

(2) 児童の実態（児童観）

どのような状況であっても、適切に善悪の判断することのよさを感得できるようにするために、以下のような指導を行った。

①社会科
スーパーマーケットの見学に際して、目的地に向かう途中や、実際の見学時の行動について、子どもが自分で適切に善悪の判断ができた事実を取り上げて称賛した。

②体育科
ポートボールの学習では、自分たちで考えたルールを確実に守ること、

自分たちでよく考えて状況を判断するように指導したところ、実際の活動の中では、自分たちのチームの利害に関わらず、正しい判断に基づいてゲームを行う様子がうかがえたために、具体的な行動を取り上げて価値づけた。

さまざまな活動を通して、子どもは適切に善悪の判断することの大切さを感得できるようになってきた。しかし、適切な判断を行うことへの迷いが生じたり、なかなか思い切れなかったりする姿も見られた。

そこで、正しいと判断したことは、自信をもって行おうとする態度を育てるために、正しい判断は勇気や親切など多様な道徳的価値に支えられていることを考えさせるようにしたい。

本時の学習の核心
適切な善悪の判断はさまざまな道徳的価値に支えられていることを多角的に考える。

(3)教材の活用（教材観）
本教材は、主人公の太郎は、日頃子どもたちに軽んじられ、よわむし太郎と呼ばれていたが、狩猟のために子どもたちが大切にしている鳥を射ようとする殿様の前に立ちはだかり、命がけで鳥を守りきるという内容である。子どもが主人公に自我関与して、自分が正しいと判断することを行う上で大切なことが多岐にわたることを考えさせるようにしたい。

■期待する学習活動：学習状況を把握する視点
○太郎に自我関与して、自分が正しいと判断してことを行うことを支える大切なものを考える。（自己を見つめる、他者理解を深める）
○善悪の判断を支える大切なものの多様性やそれぞれの特徴について考える。（他者理解を深める、多角的に考える）

4 学習指導過程

	学習活動、主な発問等	指導上の留意事項
導入	1　善悪の判断に迷ったときの経験を想起して発表し合う。 ○自分のやることが正しいか間違っているか迷ったことはあるか。 ・水溜りがある校庭で遊ぼうかどうか迷った。 ・学校の帰りに寄り道しようと言われて迷った。	□実際にとった行動ではなく、行動選択の際に迷った経験を想起して発表させる。
展開	2　教材を読んで、善悪の判断ついて考える。 ○弓をかまえた殿様が鳥にねらいを定めたとき、太郎はどんなことを考えたか。 ・子どもたちの大切な鳥を殺してはいけない。 ・いくら殿様でもやってはいけない。 ◎両手を広げ目から大きな涙をこぼして殿様に頼んでいる太郎は、どんなことを考えていたのだろうか。 ・子どもたちが悲しい思いをするので何とか助けてほしい。（親切） ・せっかく育ててきた鳥を殺さないでほしい。（生命尊重） ・自分が仕留められるかもしれないけれども勇気を出そう。（勇気） ○城に向かって帰っていく殿様を見ながら太郎はどんなことを考えただろう。 ・殿様に分かってもらえてよかった。 ・これからも自分で正しいと思ったことをしっかりやろう。 3　善悪の判断を視点に自己を見つめる。 ○今までに自分で正しいと考えてしたことはあるか。それはどんな考えからか。 ・壁に登って遊ぼうと誘われたが、危ないのでやらなかった。	□自我関与が深まるように臨場感をもって読み聞かせる。 □よくないと思うことに出合ったときの考えを想像させる。 □自分が正しいと判断して行う行為を支えるものを多角的に考えさせる。 □「子どもたちのため」だけでなく多様な思いがあることを自分事として考えさせる。 □正しいと判断したこと行うことのよさを考えさせる。 □自分で正しいと判断したこととそれを支えたものを振り返る。
終末	4　教師の説話を聞く。	□教師が把握している善悪の判断に関わる児童の姿を紹介する。

5 評価の考え方

　本時の学習の核心は、自分が正しいと判断して行う行為を支えるものを多角的に考えることである。そこで、次のような視点で子どもの学習状況を把握するようにする。

> (1) 太郎に自我関与して、善悪の判断の背景にある多様な思いを考えている。（価値理解、他者理解）
> ■**評価方法：発言及び話合い**

　また、正しいと判断したことの背景にある多様な思いの同じようなところ、異なるところを比較し、多角的に考えられるようにする。このことについては、次のような学習状況を把握するようにする。

> (2) 善悪の判断の背景にある多様な思いの同じようなところ、異なるところを比べて考えている。（他者理解）
> ■**評価方法：発言及び話合い**

6 授業の概要（中心発問）　◆学習状況の把握

T1　両手を広げ目から大きな涙をこぼして殿様に頼んでいる太郎は、どんなことを考えていたのでしょうか。自分で正しいと決めたことを、一生懸命にやっているのですね。少し考えてみましょう。
（間を取る）
C1　せっかく子どもたちが世話をしてきた鳥なのだから殺してはいけない。
T2　子どもたちがかわいそうということですか。
C1　子どもたちが悲しい気持ちになってしまうから、守らないといけないということです。
C2　殿様は大人なんだから、いくら殿様でも子どもたちを悲しませては

いけない。

C3　いつもは子どもたちにばかにされていたけど、子どもたちがかわいそうです。

T3　子どもたちのために守ろうということですか。

C2、C3　そうです。（親切）

◆<u>親切を大切にした正しい判断を自分事して考えている。</u>

T4　みなさんに聞きます。子どもたちのことを思いやる気持ちで頼んでいると考えた人は手を挙げてください。（挙手多数）
　　なるほど、「子どもたちのために」、のほかにも考えたことはありますか。

C4　子どもたちもかわいそうだけど、鳥もかわいそうです。

C5　面白半分で生き物を殺しちゃいけない。

T5　命を大切にしなければいけないということですか。

C4、C5　はい。（生命尊重）

◆<u>生命尊重を大切にした正しい判断を自分事して考えている。</u>

T6　そうですか。でも、もしかすると太郎も仕留められてしまうかもしれませんよ。

C6　でも鳥を殺すことはよくないことなので、がんばって守る。

C7　ぼくが仕留められるのは怖いけれど、絶対に守る。

C8　それは自分が死んでしまうのは怖いよ。

T7　それでも守るのですか。

C6、C7、C8　守ります。（勇気）

◆<u>正しいと判断を行うために勇気が大切であることを自分事として考えている。</u>

T8　そうですか。勇気をだしてがんばるということかな。

（「親切」、「生命尊重」、「勇気」を視点に子どもの発言を分類して板書）

　　それぞれ、同じところ、違うところはどんなところかな。

C9　どれも自分が正しいと思ったこと

第4章
126

をやるために大切なことです。
◆正しい判断を支える道徳的価値の共通点を考えている。
C10 　子どもたちも鳥の命を大切にしたいと思っていました。
C11 　ひとつひとつは違いますが、みんな正しいことをするのに大切です。
◆正しい判断を支える道徳的価値の共通点を考えている。
C12 　わたしは子どもたちが悲しまないようにという考えですが、命を大事にしたいという気持ちも大事だと思いました。
◆正しい判断を支える自分の考えを基に、他の考え方も受け入れている。

（以下略）

7 学習状況の把握と記述による評価例

授業における子どもの発言から以下のような学習状況を把握することができる。

■太郎に自我関与して、善悪の判断の背景にある多様な思いを考えている。

C1 　子どもたちが悲しい気持ちになってしまうから、守らないといけないということです。
C2 　殿様は大人なんだから、いくら殿様でも子どもたちが悲しませてはいけない。
→ 相手に対する思いやりの心を大切にしながら、自分が正しいと判断したことを行うことについて考えていました。

C4 　子どもたちもかわいそうだけど、鳥もかわいそうです。
C5 　面白半分で生き物を殺しちゃいけない。
→ 生命の尊さを基にして、自分が正しいと判断したことを行うことについて考えていました。

C9 　どれも自分が正しいと思ったことをやるために大切なことです。
C11 　ひとつひとつは違いますが、みんな正しいことをするのに大切です。
→ 自分の考えをしっかりともって、善悪の判断を支えるさまざまな感じ方、考え方のよさを考えていました。

（以下略）

● 第4学年の指導と評価　　　　　　　　　　　　　学習状況の把握

> 「家族愛、家庭生活の充実」の指導と評価
> 内　容　父母、祖父母を敬愛し、家族みんなで協力して楽しい家庭を
> 　　　　つくること。
> 教　材　ブラッドレーのせいきゅう書
> 　　　　文部省　小学校道徳の指導資料　第1集

1　主題名　　家族と力を合わせて　（C　家族愛、家庭生活の充実）

2　ねらい　　家族と自分との関わりを考え、家族みんなで協力し合って楽しい家庭をつくろうとする態度を育てる。

3　主題設定の理由（指導観）

(1)ねらいとする道徳的価値（授業者の価値観）

　家族は、子どもが誕生して最初に所属する集団である。子どもは家族からの温かい愛情を受け、心も体も豊かに育まれてきた。家族の生活の場である家庭は、子どもにとって最も安心できる場である。
　一方で、家族の一員であれば相応の役割を担うことになる。家族の一員として、家庭生活に積極的に協力しようとする態度を育てるために、家族と関わることのよさを実感できるようにしたい。

(2)児童の実態（児童観）

　家族と関わることのよさを実感できるようにするために、以下のような指導を行った。

①国語科

　「運動会の招待状を書こう」の学習では、日頃の家族との関わりを想起させながら、家族に喜んで来てもらえるような表現の工夫ができるように言葉掛けをした。子どもは思い思いに家族のことを考えて、心のこもった招待状を書くことができた。

②社会科

　廃棄物の処理に関わる学習では、よりよい家庭生活における家族との関わりを基に、ごみを減らすための再利用の工夫について調べさせた。その結果、子どもは家族と協力することのよさを感得することができた。

　さまざまな活動を通して、子どもは家族と自分との関わりについて考え、よりよい家庭生活のために自分でできることを考えられるようになってきた。一方で、ともすると家族に対して過度に依存して、世話をしてもらうことが当然のように考え、甘えてしまうことも少なくない。

　そこで、自分に対する家族の愛情を想起して、楽しい家庭生活を営むために協力することのよさを考えさせたい。

本時の学習の核心

　自分に対する家族の愛情を想起して、楽しい家庭生活を営むために協力することのよさを考える。

---

(3)教材の活用（教材観）

　本教材は、ブラッドレーは自分が行った手伝いなどの代償を母親に請求したところ、母親はその求めに応じたが、母親はブラッドレーのためにしたことの代償は一切求めなかったことを契機に家族との協力について考えるという内容である。

　子どもがブラッドレーに自我関与して、家族からの愛情を感じたときの思いを想像することで、楽しい家庭生活を営むための協力について考えさせたい。

> ■期待する学習活動：学習状況を把握する視点
> ○ブラッドレーに自我関与して、家族からの愛情を感じたときの思いを考える。（自己を見つめる、価値理解を深める）
> ○ブラッドレーに自我関与して、楽しい家庭生活のために自分ができることをしようとするときの多様な思いを考える。（自己を見つめる、他者理解を深める）

4 学習指導過程

	学習活動、主な発問等	指導上の留意事項
導入	1 家庭における自分の役割を想起して発表し合う。 ○家族のためにしている仕事にどのようなものがあるか。 ・晩御飯の後の食器を流しまで運んでいる。 ・風呂の掃除をしている。	□家庭における自分の役割を想起することで、家族の一員であることを認識させ、家族愛への方向づけを図る。
展開	2 「ブラッドレーのせいきゅう書」を読んで、友達との協力について考える。 ○ブラッドレーがお母さんに請求書を書いたのはどんな考えからか。 ・お母さんのためにおつかいやそうじをしたのだから、お小遣いをもらいたい。 ・くれるかどうか分からないけど、がんばったのだからもらいたい。 ○お母さんの請求書を見たブラッドレーはどんな思いから目が涙で一杯になったのか。 ・お母さんは僕のためにたくさんのことをしてくれてうれしい。 ・お母さんにありがとうと言いたい。 ・お母さんがいて僕は幸せだ。 ◎「僕に何かさせてください」と言ったブラッドレーは、どんな気持ちだったか。 ・ぼくも家族のためにできることをしたい。 ・お母さんにお返しをしたい。 ・ぼくも家族の一員だからがんばる。 3 友達との関わりを振り返る。 ○今までに楽しい家庭になるように考えてしたことはあるか。	□家族に対して主体的に関われないときの考えを自分事として考えさせる。 □家族の愛情に気づいたときの思いを自分との関わりで考えさせる。 ・自分の行為の反省に終始しないように言葉かけを行う。 □家族のためにできることをしようとするときの思いを自分事として考え、対話を通して深める。 ・「お母さんのために」を「家族のために」と広げて考えられるようにする。 □集団として家族と同時に、家族の個々の誠意への働きかけでもよいことを話す。
終末	4 教師の説話を聞く。	□教師が家族のためにしたことの体験談を話す。

5 評価の考え方

　本時の学習の核心は、自分に対する家族の愛情を想起して、楽しい家庭生活を営むために協力することのよさを考えることである。そこで、次のような視点で子どもの学習状況を把握するようにする。

> (1) ブラッドレーに自我関与して、母親の請求書を見たことを基に、家族からの愛情に気づいたときの思いを自分事として考えている。
> 　　　　　　　　　　　　　　　　　　　　　　　　（価値理解）
> ■評価方法：発言及び話合い

　また、家族の愛情を基に、家族みんなで協力し合って、楽しい家庭をつくろうとするときの多様な思いを考えさせるために、次のような学習状況を把握するようにする。

> (2) ブラッドレーに自我関与して、家族のために何かしようとするときの思いを自分事として考える。また、家族のためにしようとするときの多様な思いについて対話を通して考えている。　（他者理解）
> ■評価方法：発言、つぶやき

6 授業の概要（中心発問と振り返りの発問）　◆学習状況の把握

T1　ブラッドレーがお母さんからの請求書を見たら、全部０円でしたね。やがてブラッドレーの目は涙で一杯になります。そのとき、ブラッドレーはどんな思いだったでしょうか。（間をとる）
C1　ぼくはお母さんに４ドルももらおうとしたのに、お母さんはみんな０円で、ぼくが悪かった。
C2　ぼくがしたことより、お母さんがしたことの方が大変なのに、全部０円だったから、お金を返したい。
T2　ブラッドレーは、自分はいけないことをしたと思って反省している

のかな。では、お母さんの全部0円の請求書には、お母さんのどんな気持ちが込められているかな。

C3　ブラッドレーは自分の子どもだから、何でもしてあげる。
C4　自分の子どもだからお金はもらえない。
C5　ブラッドレーは自分の子どもだから大好きです。
C6　0円の請求書には、いい子になってねという願いが込もっています。
T3　お母さんの請求書には、ブラッドレーはとっても大切、いい子になってほしいという思いが込められていたのかな。では、お母さんのそのような思いに気がついたブラッドレーはどんなことを思ったでしょうか。考えてみましょう。（間をとる）
C8　ぼくのことを大切にしてくれているんだなあ。よかったなあ。
C9　ぼくはあんまりお母さんの気持ちを考えていなかったな。
T4　どうしてそう思ったのですか。
C9　いつもわがままばかり言っているからです。
◆家族からの愛情を受けたことをきっかけに、自分の家族との関わりを基に考えている。
C10　そんなに大事にされているのなら、いい子にならないとなあ。
T5　そんなに大事にとは、どのようなことですか。
C10　ご飯をつくってくれたり、洗濯をしてくれたりしています。
◆教材中にない事例について発言していることから、C10自身の母親との関わりを基に考えていることがうかがえる。
C11　お母さんは、いつもぼくのことを考えてくれているんだなあ。
T6　どんなことを考えてくれているのかなあ。
C11　病気にならないように、大きくなるようにとか考えてくれています。
◆C11自身が家族からどのように思われているのかを想起した結果としての発言であることがうかがえる。（中略）
T7　ブラッドレーはお母さんに、「ぼくに何かさせてください」と言いましたね。家族にために何かしたいなあって思うときは、どんな気持ちでしょうか。（間を取って考えさせる）
C12　お母さんは0円でしてくれるから、ぼくも0円でやろう。

T8 お小遣いはいらないのですか。
C12 お小遣いはほしいけど、もらわなくても手伝いをします。
T9 お小遣いはもらわなくても手伝うという考えはどうでしょうか。
C13 ぼくももらいません。お母さんはぼくたちのために働いてくれるから、お母さんの手伝いをしたい。
◆ C13 は、C12 の発言を受けて母親だけでなく家族との関わりを自分の経験を基に考えている。
T9 そうですか。今 C13 さんは、「ぼくたち」と言いましたが、ぼくのほかにも誰かいるのでしょうか。
C14 お姉ちゃんや弟もいます。　　C15 家族みんなです。
T10 お母さんは家族みんなのために働いているのかな。
C15 ぼくもみんなのために手伝いをしようかな。
◆ C15 は、自分と家族との関わりを想起して、家族の一員として行動しようとする思いがうかがえる。

7 学習状況の把握と記述による評価例

授業における子どもの発言から以下のような学習状況を把握できる。

■ブラッドレーに自我関与して、母親の請求書を見たことを基に、家族からの愛情に気づいたときの思いを自分事として考えてい

C9 いつもわがままばかり言っているからです。
→ 自分と家族との関わりを考えながら、自分自身をしっかりと見つめていました。

C10 ご飯をつくってくれたり、洗濯をしてくれたりしています。
→ 自分の家庭生活を振り返って、家族のよさやありがたさを考えていました。

■ブラッドレーに自我関与して、家族のために何かしようとするときの思いを自分事として考える。

C15 ぼくもみんなのために手伝いをしようかな。
→ 自分と家族との関わりを想起して、家族の一員として行動することを考えました。

●第5学年の指導と評価 学習状況の把握

> 「正直、誠実」の指導と評価
> 内　容　誠実に、明るい心で生活すること。
> 教　材　手品師
> 　　　　文部省　小学校道徳の指導資料とその利用1

1 主題名　自分自身に誠実に（A　正直、誠実）

2 ねらい　自分の良心に従って、誠実に明るい心で生活しようとする態度を育てる。

3 主題設定の理由（指導観）

(1)ねらいとする道徳的価値（授業者の価値観）

　自分自身に対して誠実に行動するとは、自分の思いを偽ったり、取り繕ったりすることなく行動することである。自分の思いを偽ったり、取り繕ったりした行動は、後悔の念を生じさせる。また、このことは自分の良心にも背くことになり、良心の呵責に苦しむことにもなる。誠実に明るい心で生活しようとする態度を育てるために、自分自身に対して誠実することのよさを実感させたい。

(2)児童の実態（児童観）

　自分自身に対して誠実にすることのよさを実感させるようにするために、以下のような指導を行った。

①学級活動

　学級会では、一人一人の子どもが、伸び伸びと発言できるようにするために、自分でよいと思ったことを発言したり、意思表示したりすることが明るい心で生活することにつながることを助言した。よく考えて伸び伸びと発言することのよさを実感している子どもの姿が見られた。

②日常の指導

　子どもが明るい心で学校生活を送ることができるようにするために、朝

の会のスピーチのテーマを「こころスッキリ」と設定して、日常生活の中で、迷いはあったが自分の良心に従って行動してよかったことを発表し合い、共鳴し合うことができた。

　さまざまな活動を通して、子どもは自分自身に対して誠実にすることのよさを実感する機会が多くなったが、友達関係などを考えて、自分の意に沿わない言動をしまい、後悔している姿も見られた。

　そこで、明るい心を支える自分の良心に従って行動することは決して易しいことではなく、乗り越えなければならないことが少なくないことを考えさせたい。

本時の学習の核心
　自分の良心に従って行動することは決して易しいことではなく、多くの乗り越えなければならないことがあることを考える。

(3)教材の活用（教材観）

　本教材は、大劇場に立つことを夢みて日々努力していた手品師が不幸な少年に出会い、手品を見せて元気づける。翌日も手品を見せることを約束したが、その夜、友人から大劇場に出演中の手品師の代役の依頼がくる。迷いに迷う手品師だったが、依頼を断り、翌日たった一人の客の前で手品を演じたのだった。

　自分の良心に従って誠実に行動する上で乗り越えるべき問題を、手品師に自我関与して考えさせるために問題解決的な学習を活用する。

■期待する学習活動：学習状況を把握する視点
○手品師に自我関与して、自分自身に誠実にする上で大切にすべきことを導き出す。（自己の生き方についての考えを深める）
○自分自身に誠実にする上で大切にすべきことが、人によってさまざまであることを考える。（自己を見つめる、他者理解を深める）

道徳科の評価の基本的な考え方

4 学習指導過程

	学習活動、主な発問等	指導上の留意事項
導入	1　自分自身に誠実にできなかった経験を発表し合う。 ○自分の考えていたことと違った行動をしてしまったことはあるか。 ・遊びを決めるときに、本当はサッカーをしたかったが、野球でいいと言ってしまった。	□自分の意に沿わない行動をした経験を発表させ、ねらいとする道徳的価値への方向づけを図る。 □「誠実」を「自分の気持ちに偽りのないこと」と押さえる。
展開	**自分自身に誠実にするために大切にしなければならないことは何だろう** 2　「手品師」を読んで、誠実について考える。 ○男の子の前で、手品師はどんな思いで手品をしたのだろう。 ・自分の手品で元気づけてあげよう。 ・少しでも男の子の役に立ちたい。 ◎友人からの話を聞いた手品師はどんなことを考えたか。 ・男の子を励ましたいが大劇場は自分の大きな夢だ。 ・自分の喜びと男の子の喜びとどちらを選べばいいのだろう。 ・自分の夢を諦めることができるだろうか。 ○たった一人のお客様の前で手品をする手品師はどんな気持ちか。 ・男の子が喜んでくれて本当によかった。 ・大劇場への思いもあるが、これでよかった。 3　誠実を視点に自己の生き方を考える。 ○今までの自分を振り返って、自分自身に誠実にするために大切にしたいことは何かを考えよう。	□不幸せな人を励まそうとするときの思いを自分事として考えさせる。 □自分自身の誠実にすることの難しさを自分との関わりで考えさせる。 ・単に大劇場か男の子かの選択に終始するのではなく、自分が納得できるか否かについて考えられるように言葉かけを行う。 □自分自身に誠実にできたときの気持ちを自分との関わりで考える。 □問題に対する自分なりの答えを導くことができるようにする。 □ワークシートを活用して考えさせる。
終末	4　教師の説話を聞く。	□教師が自分自身に誠実にできた体験談を話す。

5 評価の考え方

　本時の学習の核心は、一人一人の子どもが自分自身に誠実にするために大切にしなければならないことを導き出すことである。そこで、自分自身に誠実にすることは容易なことではないことを考えられるようにするために、次のように子どもの学習状況を把握するようにする。

> (1) 手品師に自我関与して、自分自身の誠実にすることの難しさを考えている。　　　　　　　　　　　　　　　　　　　　　　　（人間理解）
> ■**評価方法：発言及び話合い**

　また、自分自身に誠実にするために大切なことは何かを導き出すことができるようにするために、ワークシートに書く活動及びそれに基づく対話的な学びを展開することから、次のような学習状況を把握するようにする。

> (2) 自分自身に誠実にするために大切なことについて、今までの経験を基に自分なりの答えを導いている。　　　　　（自己理解、他者理解）
> ■**評価方法：記述、発言、聞き取り**

6 授業の概要（中心発問と振り返りの発問）　◆学習状況の把握

T1　手品師は男の子を元気づけて、明日も会う約束をしましたが、大劇場への出演の話を聞いた手品師はどんなことを考えたでしょうか。
　（間をとる）それでは、発表してくれる人はいますか。
C1　男の子の顔を思い出すと、友達に「行きます」とは言えない。
C2　大劇場に出演することは自分の夢だからかなえたいけど、男の子がもっと不幸になってしまう。
T2　男の子とは今日会ったばかりですが、気になってしまいますか。
C2　自分が手品をして元気づけようと思って見せたのだから、男の子のところに行かないなんてできない。

◆男の子のところに行くという思いが容易にかなえられないことを自分との関わりで考えている。
T3 みなさん、C2さんの考えをどう思いますか。
C3 C2さんの考えは分かりますが、ぼくは大劇場に行きたいと思う気持ちと男の子のところへ行きたい気持ちは半々だと思います。
C4 半々だから、なかなか決められないんだと思います。
T4 手品師は本当は大劇場に行きたいのですか、男の子のところに行きたいのですか。
C5 本当は男の子のところに行ってあげたいけど、自分の夢があるから簡単には決められません。
◆自分が考えているとおりに行動することの難しさを考えている発言と捉えられる。
T5 自分の思ったとおり、考えたとおりになかなかできないこともあるのですかね。
C6 いつもではないですが、簡単に決められないこともあります。
（中略）
T6 さて、今日の問題は「自分自身に誠実にするために大切にしなければならないことは何だろう」でした。答えは見つかりましたか。今までの経験を基に自分なりの答えを書いてみましょう。
（ワークシートを配布。7分程度で書くことを伝える。子どもの書く活動を見守り、多様な考えが出るように指名する子どもを決める。）
さて、それでは発表してもらいましょう。C7さん、お願いします。
C7 自分でやろうと思うことができないのは、友達のことを考えてしまうときです。自分が思うことをしたら、友達が嫌な気持ちになると思ってやめてしまいます。自分から友達に考えを話してみることを大切にしたいです。
◆自分自身に誠実にするために大切なことを、自分の経験に基づいて導いている。
T7 なるほど、友達とよく話し合うということですか。友達について書いた人はいますか。（数名が挙手）では、C8さんお願いします。

C8　C7さんに似ていますが、自分の気持ちに正直にできないのは、自分の思いどおりにすると嫌われちゃうんじゃないかと思うことです。そして、違うことをして後悔します。わたしは、勇気を出すことが自分の気持ちに正直にするときに大切なことと考えました。

◆自分自身に誠実にするために大切なことを、友達の考えと比べながら自分の経験に基づいて導いている。

T8　C8さんのように、勇気が大切と考えた人はいますか。（挙手多数）
（以下略）

7 学習状況の把握と記述による評価例

授業における子どもの発言から以下のような学習状況を把握することができる。

■手品師に自我関与して、自分自身の誠実にすることの難しさを考えている。

C2　自分が手品をして元気づけようと思って見せたのだから、男の子のところに行かないなんてできない。

→ 自分の気持ちに偽りなく行動することが容易ではないことを自分との関わりで考えていました。

C5　本当は男の子のところに行ってあげたいけど、自分の夢があるから簡単には決められません。

→ 自分が考えているとおりに行動することの難しさを自分自身と向き合いながら考えていました。

■自分自身に誠実にするために大切なことについて、今までの経験を基に自分なりの答えを導いている。

C7　〜自分から友達に考えを話してみることを大切にしたいです。

→ 自分自身に誠実にするために大切なことを、友達との関わりを視点に考えていました。

C8　〜わたしは、勇気を出すことが自分の気持ちに正直にするときに大切なことと考えました。

→ 自分としっかり向き合いながら、自分自身に誠実にするために大切なことを勇気と捉えていました。

●第6学年の指導と評価　　　　　　　　　　　　学習状況の把握

> 「自由と責任」の指導と評価
> 内　容　自由を大切にし、自律的に判断し、責任のある行動をすること。
> 教　材　うばわれた自由
> 　　　　文部省　小学校読み物資料とその利用「主として自分自身のこと」

1 主題名　　自由を大切にする　（A　自由と責任）

2 ねらい　　自他の自由を大切にし、責任ある行動をしようとする態度を育てる。

3 主題設定の理由（指導観）

(1)ねらいとする道徳的価値（授業者の価値観）

　自由とは、他からの支配や束縛を受けることなく、自分の意思に従って行動できることである。しかし、自由には一定の程度や範囲がある。それは、自分の自由を実現したいという願いは他者も同様にもっているからである。自他の自由を尊重することで自分の自由の実現が図れることを実感できるようにすることが大切である。自由と自分勝手との違いを理解し、自由な考えや行動のもつ意味やその大切さを実感させたい。

(2)児童の実態（児童観）

　自由と自分勝手との違いを理解し、自由な考えや行動のもつ意味やその大切さを実感させるために、以下のような指導を行った。

①各教科における学習規律

　各教科における学習規律として、考えたことや分かったことなどは、挙手の上、自由に発表できること、また友達にも同様の自由があるため、発言のルール及び友達の発言を聞くことを大切にするように指導した。

②学校行事

　遠足の事前指導で、昼食後の自由行動について留意すべきことを子ども

に話し合わせた。安全面の配慮、友人関係の配慮が出されたため、加えて自他の自由を大切にすることを指導した。

これらの活動を通して、子どもは自分と同様に他者にも自由があり、互いに尊重することが求められることを概ね理解できている。一方で、ともすると自己中心的な考えにより、自由と自分勝手を履き違えた行動をとることも見られる。

そこで、自由な考えや行動のもつ意味やその大切さを自分の経験などを基に考えさせるようにしたい。

本時の学習の核心
自由な考えや行動のもつ意味やその大切さを自分の経験などを基に考える。

---

(3)教材の活用（教材観）
本教材は、森の番人ガリューがジェラールのわがまま勝手な振る舞いをたしなめたところ投獄されてしまう。王子はやがて王位に就くが、奔放な国政によって裏切りにあい王位を追われ投獄される。牢の中で再開した二人は本当の自由について語り合う。そして、ガリューは釈放され、牢を去っていく。

自由な考えや行動のもつ意味やその大切さを自分の経験などを基に考えさせるために、対話をするガリューとジェラールを演じる役割演技を活用する。

> ■**期待する学習活動：学習状況を把握する視点**
> ○ガリューとジェラールを演じたり、演技を見たりすることで自由な考えや行動のもつ意味やその大切さを自分の経験などを基に考える。（価値理解を深める、自己を見つめる）
> ○自由な考えや行動のもつ意味やその大切さの捉え方は、人によってさまざまであることを考える。（自己を見つめる、他者理解を深める）

4 学習指導過程

	学習活動、主な発問等	指導上の留意事項
導入	1 自分勝手な言動に触れた経験を想起して発表し合う。 ○自分勝手だと感じる言動を見たことはあるか。 ・駅で駆け込み乗車をした人を見た。その人がドアに挟まれ電車が遅れてしまった。	□自分勝手な言動を見た経験を想起して発表し合うことで、ねらいとする道徳的価値への方向づけを図る。
展開	2 「うばわれた自由」を読んで、自由な考えや行動のもつ意味やその大切さを考える。 ○ジェラール王子が日の出前の森で狩りをしたのはどんな考えからか。 ・少しならば狩りをしても大丈夫だろう。 ・自分は王子だから何をやっても構わない。 ○ガリューに「わがまま勝手」と言われたジェラールはどんなことを考えたか。 ・やりたいことをやることが自由だ。 ・自分の思い通りにして何が悪いのか。少しでも男の子の役に立ちたい。 ◎ジェラールは本当の自由についてどんなことを考えたのだろう。 ・本当の自由は、自分の欲求を押さえなければいけないことがある。 ・自分の自由を主張して、人に迷惑をかけるようでは本当の自由とは言えない。 ・自分の都合ばかり考えて自由ということがあるが、それは本当の自由ではない。 3 自由を視点に自己の生き方を考える。 ○自由な考えや行動が大切だと感じたことはあるか。 ・遠足の自由行動はきまりよく行動すれば、楽しい時間になるので大切だと思った。	□自分勝手な行動をしてしまうときの考え方をジェラールに自我関与させて考えさせる。 □わがまま勝手な行動を指摘されたときの思いを自分事として考えさせる。 □何名かの児童にガリューとジェラールを即興的に演じさせて、本当の自由についての考えを深められるようにする。 □演技を見ている児童には、自分であればどのように答えるのかを考えながら見るように話す。 □演技後は話合いを行う。 □自分が自由を体現してよかったことを想起して発表させる。
終末	4 偉人の格言を聞く。	□福沢諭吉の格言を聞かせる。

5 評価の考え方

　本時の学習の核心は、一人一人の子どもが自由な考えや行動の意味やその大切さを自分の経験などを基に考えることである。そこで、本当の自由について自分事として考えられるようにするために、役割演技を活用する。把握する学習状況は次のとおりである。

---
(1)　演技をしたり、見たりすることで登場人物に自我関与して、本当の自由の大切さを考えている。(人間理解)
■評価方法：演技及び話合い

　また、一人一人の子どもが本当の自由に対する感じ方、考え方を深めるために、対話的な学びを展開し次のような学習状況を把握する。

---
(2)　自他の自由に対する感じ方、考え方を比較、検討することで、自分の感じ方、考え方を深めている。(他者理解、自己理解)
■評価方法：話合い

---

6 授業の概要 （中心発問）　◆学習状況の把握

T1　ジェラールは家来の裏切りにあって牢屋に入れられてしまいましたね。そこで、ガリューに再会することになります。
　　牢屋の中でジェラールとガリューは本当の自由について話し合いました。その様子を演じてもらいたいのです。自由についてしっかりとした考えをもっていたガリューと、本当の自由に気づいたジェラールです。演じてみたい人はいますか。(2名の子どもを指名)

T2　C1さんはこのカードをかけたら自由についてしっかりとした考えをもっていたガリューです。C2さんは本当の自由に気づいたジェラールです。(2名の首にカードをかける)
　　見ている人は、自分がジェラールだったら、どのように話すかを考えな

がら見ていてください。それでは始めましょう。
C1　王様、とうとう自由がなくなってしまいましたね。
C2　自分がやりたい放題にやってしまったから、こんなことになった。
C1　王様、本当の自由はどんなことだと考えますか。
C2　そうだな。自分の好き勝手にすることが本当の自由ではない。大勢の国民に迷惑をかけてしまった。
C1　本当の自由は、周りに迷惑をかけない自由なのですか。
C2　お前に注意されたときに聞いていればよかった。もう遅いけど。
T3　それではそこまでにしましょう。（2人の首からカードを外す）
　　C1さん、ガリューをやってみてどうでしたか。
C1　簡単に自由、自由というけれども、簡単ではないと思いました。
T4　C2さんは、ジェラールをやってみて思ったことはありますか。
C2　ぼくもそうなのですが、自由、自由と自分の都合のいいように考えてしまいます。そういうときは本当の自由ではないと思います。

◆登場人物の思いを想像することを通して、自由の意味について考えている。

T5　なるほど、それでは見ていた人たちに聞きます。ジェラールはこんな考えがあったのではないかということはありますか。
C3　王様として国を治めるのだから、自分のつくりたい国はあったと思いますが、王様としての責任もあったと考えていると思います。
C3　王様も自由がありますが、国民も自由があることを忘れてはいけないということです。
C4　みんな自由をもっているのでお互いの自由を大切にしなければいけないと思ったと思います。

◆役割演技を観察することを通して、自由な考えや行動のもつ意味について考えている。

T6　さっきの演技の中で、ガリューが本当の自由とはどんなことですかと尋ねていましたが、ジェラールはいろいろと考えたと思います。演技の中では、周りに迷惑をかけない自由と言っていましたが、後はどのような自由が本当の自由なのでしょうか。考えてみましょう。
　　（間を取る）さあ、それでは、友達や自分の考えでよいところや新たに

分かったことなどを見つけるために、班をつくってお互いの考えを交流しましょう。（4人グループで対話的な学びを行う）

T7　どうでしょうか。よかったところや新しい発見はありましたか。

C5　人の迷惑にならないことは本当の自由ですが、自分の気持ちをおさえることが本当の自由だと考えました。

◆友達同士の対話を通して自分の感じ方、考え方を深めている。

C6　自分の気持ちをおさえたのでは自由ではないよ。

T8　さあ、この考えについてみなさんどうですか。

C7　結果として、嫌な気持ちになる人が大勢いたのでは、いくら本人が自由といっても、それは本当の自由にはならないと思います。

◆友達の感じ方、考え方と比較、検討することで、自分の感じ方、考え方を深めている。（以下略）

7 学習状況の把握と記述による評価例

子どもの発言から以下のような学習状況を把握することができる。

■演技をしたり、見たりすることで登場人物に自我関与して、本当の自由の大切さを考えている。

C2　～そういうときは本当の自由ではないと思います。

→ 登場人物になりきって実際に演じてみたことを通して、本当の自由について考えていました。

C4　みんな自由をもっているのでお互いの自由を大切にしなければいけないと思ったと思います。

→ 自由について考える演技をしっかりと観察し、自他の自由の大切さを確かめていました。

■自他の自由に対する感じ方、考え方を比較、検討することで、自分の感じ方、考え方を深めている。

C5　人の迷惑にならないことは本当の自由ですが、自分の気持ちをおさえることが本当の自由だと考えました。

→ 友達との対話を通して、本当の自由について多面的に考えていました。

補助簿を活用した学習状況の記述

　学級の人数にもよりますが、1時間の授業ですべての子どもの学習状況を把握できるとは限りません。授業の中での発問に対する発言、子ども同士、子どもと教師などによる対話、役割演技の様子、ワークシートへの記述などを通して把握した子どもたちの学びのよさは補助簿などに記録しておきます。また、道徳科で行うべき学習、つまり、道徳的価値の理解、自己を見つめる、物事を多面的・多角的に考える、自己の生き方についての考えを深めるといった学びで、顕著なものが認められた際には、そのことを記載することが大切です。

　補助簿については、例えば縦軸に児童名、横軸に授業の内容項目、教材名、学習状況を把握するための視点を記し、子どもの学習状況を記載します。学習状況を把握するための視点はできるだけシンプルに記しておくようにします。こうして子どもたちの学習状況の把握を考えた場合、1単位時間の授業で7、8名程度の子どもたちの学びのよさは把握することができるものと思われます。そうした子どもたちの学びのよさを補助簿などに記録するのです。

　顕著な学習状況を把握できなかった場合は、その原因を追究することが必要です。発問が理解できなかったのか、自分事として受け止められなかったのか、多様な感じ方、考え方に気づけなかったのか、把握した子どもの学習状況を視点として授業を振り返り、課題を明らかにすることが求められます。そして、そうした課題を解決するためにどのような指導の工夫が求められるのか導くようにします。この一連の手続きが授業改善です。子どもの学習状況を把握することなしに授業改善はあり得ません。

　そして、授業改善を行い、明確な指導観をもって授業に臨みます。その結果、前時に顕著な学習が見られなかった子どもに学びのよさが見られたら、そのことを把握して具体的に記述をするようにします。授業改善を行いながら授業を積み上げていくことで、学級のすべての子どもたちのよさを把握することができるでしょう。

補助簿（例）　★は、道徳科の特質に関わる学習状況

	授業	第1回　親切、思いやり はしの上のおおかみ 視点：おおかみに自我関与して、親切のよさや温かさを考える。	第2回　規則の尊重 きいろいベンチ 視点：みんなで使うものや場所を適切に活用できなかったときの思いを考える。
1	A	親切にされたときおおかみの気持ちを自分の経験をもとに考え、うれしさを実感していました。（発言）	
2	B		登場人物に自我関与して、公共の場で迷惑をかけたときのやりきれない思いを表現しました。（発言）
3	C		迷惑がかかってしまった人の気持ちを想像しながら、公共の場での過ごすために大切なことを考えました。（発言）
4	D	くまの優しい態度に接したときの喜びを豊かに表現し親切のよさを実感しました。（発言）	
5	E		公共の場での失敗を自分事して考えて、適切な過ごし方への思いを表現していました。（発言）
6	F	友達の発言から、親切にしたときの相手の喜びやうれしさを想像していました。（話合い）	
7	G		★公共の場での在り方を、迷惑をかけた側とかけられた側の両面から考えていました。（話合い）
8	H		
9	I		適切に過ごせなかった経験を基に、みんなが気持ちよく過ごすことの大切さを考え発言しました。（発言）
10	J		
11	K	おおかみに託して相手のためになることの大切さを自分事として考えました。（発言）	
12	L		★公共の場で過ごすこと大切さを節度や思いやりと関連づけて考えました。（発言）
13	M		
14	N	★親切にしたときの思いとできなかったときの思いの両面を比較して考えました。（発言）	
15	O	親切にされたときの喜びを、自分の体験を交えながら発表していました。（発言）	
16	P		迷惑をかけてしまった登場人物のやり切れない気落ちを自分の経験を基に考えていました。（発言）
17	Q		
18	R	★幼い人にした親切を想起して、相手の喜びもとにその意義を考えました。（発言）	
19	S		
20	T		

道徳科の評価の基本的な考え方

道徳性に係る成長の様子の把握

　道徳性に係る成長の様子とは、道徳性の成長の様子ではありません。つまり、道徳的判断力が確かなものになったのか、道徳的心情が育ったのか、道徳的実践意欲が高まったのか、道徳的態度が養われたのかといったことを明らかにすることではないということです。

　前述のとおり、道徳性に係るとは、道徳性に関係する、あるいは関連するということです。したがって、道徳性を養うために行う学習の様子がどのように成長しているのかをその子どもの中の成長という視点で把握するということです。

　具体例としては、一人一人の子どもについて道徳性に係る成長の様子を把握する視点を次のように考えることができます。なお、これらの視点は、截然と分けて捉えることは困難です。それぞれの学習は互いに重なり合っています。教師がどの視点から成長の様子を把握するのかを明確する必要があります。

①道徳的価値の理解に関してどのような成長が見られるのか
・道徳的価値を自分事として考え、そのよさや難しさ、多様さを理解できるようになったか。
・自分の価値観に固執することなく、多様な感じ方、考え方を求め、それらのよさを理解できるようになったか。

②自己を見つめることに関してどのような成長が見られるのか
・道徳的価値の理解を自分の問題として捉え、自分の経験やそのときの感じ方、考え方と引き寄せて考えられるようになったか。
・道徳的価値を自分自身の問題として捉え、自問自答しながら考えられるようになったか。

③物事を多面的・多角的に考えることに関してどのような成長が見られるのか
・道徳的価値やそれに関わる事象について、さまざまな側面から考えられるようになったか。（多面的）

- 道徳的価値やそれに関わる事象について、他の道徳的価値との関わりや広がりを考えられるようになったか。（多角的）

④自己の生き方についての考えを深めることに関してどのような成長が見られるのか
- ねらいとする道徳的価値を視点に自分自身を振り返り、よさや至らなさを考えることができるようになったか。
- ねらいとする道徳的価値について自分の現状を理解して、今後の思いや課題を明らかにできるようになったか。

　これらの子どもたちの成長の様子は、補助簿の記録の蓄積をある程度の期間の中で比較、検討することで把握するようにします。ポートフォリオによる評価などの提案もありますが、道徳授業においては、ワークシートあるいは道徳ノートといった記述の蓄積が現実的でしょう。これらの記述を考察することが考えられます。また、教師がこれまでの授業の様子を振り返りながら導いた子どもたちの道徳性に係る成長の様子も大切にします。さらに、子ども自身が一定期間の道徳授業を通して成長したとどう感じ、考えているのか自己評価させることも成長の様子を把握する資料となるものと思われます。

　いずれにしろ、道徳科の学習には一定の到達目標や実現状況があるということではありません。他の子どもとの比較ではなく、一人一人の子どもにどのような学びの成長が見られたのかを把握することが大切です。

【参考文献】
- 「児童生徒の学習評価の在り方について（報告）」平成22年　中央教育審議会
- 「小学校学習指導要領」平成29年　文部科学省
- 「小学校学習指導要領解説　特別の教科　道徳編」平成29年　文部科学省
- 「教育評価の原理―評定に基づく真の評価を目指して」石田恒好　平成24年　図書文化
- 「学習評価基本ハンドブック」―指導と評価の一体化を目指して―辰野千尋　平成25年　図書文化

道徳科の評価のイメージ

道徳科の評価の手順（例）

子供の実態などから、今日の授業では、親切のよさや温かさを考えさせよう！

指導観

オオカミに自我関与して、クマに親切にされたときの思いを基に親切のよさを考えさせよう！

子供たちはオオカミと自分自身を重ね合わせて親切のよさを考えているのかな？

指導の意図

学習状況の把握

Aさんは、登場人物と自分自身を重ね合わせて、親切のよさについて発言してたな。

学習状況

「はしの上のおおかみ」の学習では、親切のよさや温かさを自分事として考えていました。

Bさんは、親切のよさを自分事として考えられなかったようね。

次の時間では自分事として考えられるように言葉かけをしよう！

授業改善

今日は登場人物と自分自身を重ねて道徳的価値について考えられた！

学習状況

「きいろいベンチ」の学習では、みんなで使う物や場所について自分事として考えていました。

道徳的価値について自分との関わりで考えることができるようになりました。

成長の様子

子どもの学習状況の把握と評価

➡ 学習指導過程における指導と評価を一体的に捉えることが重要
➡ 学習指導過程の評価には具体的な観点が必要

確かな指導観を基に、明確な意図をもって指導や指導方法の計画を立て、学習指導過程で期待する子どもの学習を具体的な姿で表したものが観点となる。

道徳科の評価は、子供が道徳性を養うために行う道徳的価値の自覚及び自己の生き方についての考えを深める学習状況や、授業の積み重ねとしての成長の様子を対象とします。

第5章

道徳科の評価と指導要録、通知表

指導要録に関わる基本的な考え方

　指導要録は、在学する子どもたちの学習の記録として作成するもので、「学籍に関する記録」と「指導に関する記録」があります。「指導に関する記録」としては、小学校では、行動の記録、教科の学習の記録として観点別評価と小学校3年生以上の評定、総合的な学習の時間、特別活動の記録、総合所見及び指導上参考となる諸事項などを記載します。進学の際には、写しを進学先に送付することになっていて、保存年限は、指導に関する事項は5年。学籍に関する事項は20年です。

　指導要録の様式は、文部科学省は学習指導要領の改訂ごとにその趣旨を踏まえた指導要録の参考様式を提示していますが、実際の様式を定めるのは学校の設置者である教育委員会です。そして、指導要録の作成は、校長の権限になっています。

　なお、指導要録に関わる根拠となる法令は以下のとおりです。

●学校教育法施行規則

第二十四条　校長は、その学校に在学する児童等の指導要録（学校教育法施行令第三十一条に規定する児童等の学習及び健康の状況を記録した書類の原本をいう。以下同じ。）を作成しなければならない。

第二十八条　学校において備えなければならない表簿は、概ね次のとおりとする。

一　学校に関係のある法令

二　学則、日課表、教科用図書配当表、学校医執務記録簿、学校歯科医執務記録簿、学校薬剤師執務記録簿及び学校日誌

三　職員の名簿、履歴書、出勤簿並びに担任学級、担任の教科又は科目及び時間表

四　指導要録、その写し及び抄本並びに出席簿及び健康診断に関する表簿

五　入学者の選抜及び成績考査に関する表簿

六　資産原簿、出納簿及び経費の予算決算についての帳簿並びに図書機械器具、標本、模型等の教具の目録

七　往復文書処理簿

②　前項の表簿（第二十四条第二項の抄本又は写しを除く。）は、別に定めるもののほか、五年間保存しなければならない。ただし、指導要録及びその写しのうち入学、卒業等の学籍に関する記録については、その保存期間は、二十年間とする。

③　学校教育法施行令第三十一条の規定により指導要録及びその写しを保存しなければならない期間は、前項のこれらの書類の保存期間から当該学校においてこれらの書類を保存していた期間を控除した期間とする。

●地方教育行政の組織及び運営に関する法律
（教育委員会の職務権限）
第二十一条　教育委員会は、当該地方公共団体が処理する教育に関する事務で、次に掲げるものを管理し、及び執行する。
　一　教育委員会の所管に属する第30条に規定する学校その他の教育機関（以下「学校その他の教育機関」という。）の設置、管理及び廃止に関すること。

●学校教育法
第三十七条　小学校には、校長、教頭、教諭、養護教諭及び事務職員を置かなければならない。
④　校長は、校務をつかさどり、所属職員を監督する。

　指導要録の作成が校長の権限であれば、なぜ担任の教師が指導要録に記載をするのかと思いますが、各教育委員会が管下の学校の円滑かつ適正な管理運営を図ることを目的に定めている学校管理運営規則に、校長は所属職員に校務を分掌させるという旨が示されていることから、担任の教師が記載しているのです。

道徳科の評価と指導要録、通知表

これまでの指導要録と道徳教育

　前述の指導資料「小学校　道徳の評価」においては、道徳性の評価と指導要録との関連を言及しています。指導要録の前身は、学校に在籍する子どもの氏名、生年月日、住所、入学年月日、保護者名、保護者の住所、職業、子どもとの関係、学業成績、出欠状況、身体状況などを記した学籍簿とよばれていた表簿です。

昭和24年の項目

1	ひとと親しむ		13	安定感がある
2	ひとを尊敬する		14	指導力がある
3	ひとの立場を受け入れる		15	態度が明るい
4	ひとと協力する		16	礼儀が正しい
5	仕事を熱心にする		17	きまりを理解して守る
6	責任を重んずる		18	探求心がある
7	持久力がある		19	美への関心をもつ
8	計画・工夫する		20	衛生に注意する。
9	自制心がある		21	勤労を喜ぶ
10	自分で判断する		22	物を大切にする
11	正義感がある		23	その他
12	正しく批判する			

　昭和24（1949）年に指導要録と改称されました。この指導要録においては、子どもの行動を評価する「行動の記録」の欄があります。

　ここには、民主社会における望ましい行動であるAの項目、子どもの個人的趣味、特技及び特に指導が必要と思われる行動を記入するB欄、子ども理解や指導上参考となる子どもの行動や経験を記入するC欄の記録が求められました。Aの項目は、前掲のとおりです。

　行動の記録は、5段階の評定がなされました。それぞれの項目につい

昭和24年 指導要録の行動の記録

	学年 評価 項目		一年 +2 +1 0 -1 -2	二年 +2 +1 0 -1 -2	三年 +2 +1 0 -1 -2	四年 +2 +1 0 -1 -2	五年 +2 +1 0 -1 -2	六年 +2 +1 0 -1 -2
A	1 ひとと親しむ							
	2 ひとを尊敬する							
	3 ひとの立場を受け入れる							
	4 ひとと協力する							
	5 仕事を熱心にする							
	6 責任を重んずる							
	7 持久力がある							
	8 計画・工夫する							
	9 自制心がある							
	10 自分で判断する							
	11 正義感がある							
	12 正しく批判する							
	13 安定感がある							
	14 指導力がある							
	15 態度が明るい							
	16 礼儀が正しい							
	17 きまりを理解して守る							
	18 探究心がある							
	19 美への関心をもつ							
	20 衛生に注意する							
	21 勤労を喜ぶ							
	22 物を大切にする							
	23（その他）							
B	どんなものに興味をもつか							
	どんな特技をもつか							
	とくに指導を要する行動							
C	行動や経験の記録	とくに参考となる						
	所見							

道徳科の評価と指導要録、通知表

て、普通の程度と考えられるものを「0」として、それよりも優れた程度のものを「+2」、劣った程度のものを「−2」、それぞれの中間の程度と考えられるものを「+1」と「−1」としました。

　この時期は、教育課程おいて道徳は位置づけられていませんでしたが、道徳教育は、教育のある部分でなく教育の全面において計画的に実施される必要があるとされており、上記の項目に関わる指導は道徳教育という視点で具体的な指導が行われていたことも考えられます。

　昭和36（1961）年に、小学校指導要録が改訂され、従来の「行動の記録」欄は新たに設けられた「行動および性格の記録」欄に含められることとなりました。「行動および性格の記録」は、「Ⅰ事実の記録」「Ⅱ評定」「Ⅲ所見」の3欄に分けられていましたが、「Ⅱ評定」の具体的な項目は以下のようになっていました。

昭和36年の項目

1	基本的な生活習慣	8	指導性
2	自主性	9	協調性
3	責任感	10	同情心
4	根気強さ	11	公共心
5	自省心	12	積極性
6	向上心	13	情緒の安定
7	公正さ		

　この「行動および性格の記録」は、各教科、道徳、特別教育活動、学校行事等、学校の教育活動全体にわたって認められる子どもの行動及び性格について記録することとしたため、この欄の記録は学校生活を通して認められる子どもの人格の記録とも考えられていました。

　昭和33（1958）年に道徳の時間が設置され、学習指導要領の総則においても、学校における道徳教育は学校の教育活動全体を通じて行うことが基本とされていたことから、行動および性格の記録についての評価は道徳教育で養うべき道徳性の評価との関わりも考えられていました。指導書で

は、道徳性の評価は子どものすべての生活の場を通して行われるものであり、この欄の記録すべてをそのまま道徳性の評価とみなすことはできないとしています。

また、「道徳性の評価」も、「行動および性格の記録」も、そのねらいはともに子ども一人一人について、その人格の円満な成長を図るものであるから、さまざまな教育活動において両者の評価は相互に関連し合い、また、それぞれで得られた資料は相互に補完されるとも述べられています。

1 「行動および性格の記録」と「道徳性の評価」との関連

(1)「事実の記録」と道徳性の評価

「事実の記録」の欄は、学校生活の全体、特に各教科の学習以外における子どもの活動状況について、顕著なものがあった場合に、それを具体的に記入するものとしていました。

したがって、この欄に記録される子どもの顕著な行動は、「道徳性の評価」の学校における行動評価の資料として生かすことができると考えられていました。また、道徳性の評価の一面として行う実態調査などにより、学校生活における子どもの顕著な行動を見いだした場合には、この欄に記録されることもあるとしていました。

なお、この欄には、特別教育活動における活動の状況が記入されることが多かったようですが、それらの資料が道徳性を含む人格の把握にも役立つと考えられていました。

(2)「評定」と道徳性の評価

「評定」の欄には前掲の 13 の項目が示されていますが、これらの項目は主として次のような観点で選び出されたものです。

ア　学校生活の中で、子どもの行動に現われやすい
イ　学校生活の中で、子どもの特性が具体的な行動場面において捉えやすい
ウ　教師にとって比較的評定しやすい

なお、「積極性」と「情緒の安定」の項目は、性格的な特性、どちらかといえば生来の傾向性ですが、人格の健全な発達のためには、これらの傾向性にも望ましい方向への指導が考えられるということから設けられました。このような観点から選択された13項目について、A、B、Cの3段階の評定が行われますが、その評定は「道徳性の評価」の一部であるとともに人格の評定であるため、各項目の評定が道徳の評価の内容と関連なく行なわれるものではないとされています。
　指導要録の「記入上の注意」には、各項目の趣旨が次のように述べています。

○基本的な生活習慣…健康を増進し、安全の保持に努める。礼儀作法を正しくする。身の回りを整理整頓する。物を大事にし、上手に使う。きまりのある生活をする。など
○自主性…自分で計画し進んで実行する。自分の正しいと信ずるところに従って意見を述べ、行動する。など
○責任感…自分の言動に責任をもつ。自分の果たすべき義務は確実に果たす。など
○根気強さ…正しい目標の実現のためには、困難に耐えて最後まで辛抱強くやり通す。ねばり強く仕事をする。など
○自省心…自分の言動について反省するとともに人の教えをよく聞く。自分の特徴を知り長所を伸ばす。わがままな行動をしないで、節度のある生活をする。など
○向上心…常により高い目標に向かって全力を尽くす。創意工夫をこらして生活をよりよくしようとする。常に研究的態度をもって、真理の探究に努める。など
○公正さ…正を愛し、不正を憎み、誘惑に負けないで行動する。自分の好き嫌いや利害にとらわれずに、公正にふるまう。誰に対しても公平な態度をとる。など
○指導性…指導力があって、人から信頼される。など
○協調性…自他の人格を尊重する。互いに信頼し合い、仲よく助け合う。

など
○同情心…人の立場を理解して、広い心で人の過ちをも許す。誰にも親切にし、弱い人や不幸な人をいたわる。など
○公共心…公共物を大切にし、公徳を守り、人に迷惑をかけない。きまりや規則を理解して守る。進んで力を合わせて人のためになる仕事をする。など
○積極性…積極的に行動しようとする傾向
○情緒の安定…情緒が安定している傾向

　このように、これらの13項目は、それぞれの項目において子どもの道徳性と関連しているとしています。したがって、評定に際しては、表面に現われた行動だけではなく、表に現われていない判断、心情、態度の把握も必要であると説明しています。
　これらの項目に含まれていない内容については、次の「所見」の欄に記入することも可能としています。

(3)「所見」と道徳性の評価

　「所見」の欄には、子どもの全体的な特性を記入することとなっており、さらに「評定」においてCとされた項目については、具体的な理由や指導方針をここに記入することが望ましいとされています。
　したがって、ここに記録される子どもの全体的な特性は、子どもの道徳性を理解する上でも重要になるとされていました。

2 「行動の記録」の変遷

　指導要録には「行動の記録」の欄があります。しかし、「行動の記録」に記す評価が必ずしも道徳教育の評価ということはできません。指導要録において道徳教育との関わりが考えられる「行動の記録」は、前述のとおり、昭和36年に「行動および性格の記録」と改められ、13項目についてA、B、Cの3段階で評定されることになりましたが、その後、昭和46年の改訂では、「Ⅰ評定」と「Ⅱ所見」の欄となり、「Ⅰ評定」は次の10項

目になりました。

昭和46年の項目

1	健康・安全の習慣	6	創意くふう
2	礼儀	7	情緒の安定
3	自主性	8	協力性
4	責任感	9	公正さ
5	根気強さ	10	公共心

　これまでと同様に、各教科、道徳、特別活動等、学校の教育活動全体にわたって認められる子どもの行動及び性格について記録することとしています。「Ⅰ評定」については、掲げられた項目ごとにA、B、Cの3段階の評定を記すこととしていましたが、記入しない内容があってもよいこととしていました。「Ⅱ所見」の欄は、「Ⅰ評定」において、Cと評定された項目に関する理由や指導方針等を記入することとしていました。

　昭和55（1980）年の改訂では、「Ⅰ評定」と「Ⅱ所見」の欄は踏襲されましたが、「Ⅰ評定」は次の9項目になりました。

昭和55年の項目

1	基本的な生活習慣	6	情緒の安定
2	自主性	7	寛容・協力性
3	責任感	8	公正
4	勤労意欲・根気強さ	9	公共心
5	創意工夫		

　「Ⅰ評定」については、掲げられた項目ごとに、優れたものに＋印、指導を要する物に－印、特徴を認めがたいものについては空欄とすることとしました。そして、「Ⅱ所見」の欄は、「Ⅰ評定」において、「－」と評定された項目に関する理由や指導方針等を記入することしました。

平成3（1991）年の改訂では、「行動および性格の記録」が「行動の記録」に改められました。各教科、道徳、特別活動その他学校生活動全体にわたって認められる子どもの行動及び性格について記録することとしています。行動の記録の欄は「Ⅰ行動の状況」と「Ⅱ所見」になりました。
　「Ⅰ行動の状況」については、以下の項目ごとに、十分満足できる状況にあると判断される場合に〇印を記入することとしました。また、特に必要がある場合は項目を追加することも可能とされました。「Ⅰ行動の状況」の項目は以下のとおりです。

平成3年の項目

1	基本的な生活習慣	7	協力性
2	明朗・快活	8	自然愛護
3	自主性・根気強さ	9	勤労・奉仕
4	責任感	10	公正・公平
5	創意工夫	11	公共心
6	思いやり		

　「Ⅱ所見」については、行動の状況について特徴及び指導上留意すべき事項を記載することとし、特に子どものよい点を取り上げることを基本としました。

　平成13（2001）年の改訂では、これまで「Ⅰ行動の状況」と「Ⅱ所見」とされていた欄が項目を示した「行動の記録」のみとなり、行動に関する所見は、「総合所見及び指導上参考となる諸事項」に記入することとなりました。行動の記録の各項目について、十分満足できる状況にあると判断される場合に〇印をそれぞれ記入することとしました。また、特に必要がある場合は項目を追加することも可能としたことはこれまでと同様です。各項目は以下のとおりです。

平成 13 年の項目

1	基本的な生活習慣	6	思いやり・協力
2	健康・体力の向上	7	生命尊重・自然愛護
3	自主・自律	8	勤労・奉仕
4	責任感	9	公正・公平
5	創意工夫	10	公共心・公徳心

　それぞれの項目の趣旨については、別添資料として示されました。

　平成 22（2010）年の改訂では、各教科、道徳、外国語活動、総合的な学習の時間、特別活動やその他学校生活全体にわたって認められる子どもの行動について、設置者は、「各教科等・各学年等の評価の観点等及びその趣旨」に示された「行動の記録」の評価項目と趣旨を参考にして項目を適切に設定することとしました。そして、この評価項目と趣旨は、小学校学習指導要領の総則及び道徳の目標や内容、内容の取扱いで重点化を図ることとしている事項等を踏まえて示しているものと説明しています。この改訂によって、行動の記録と道徳教育との関わりが明示されました。

　また、各学校において、自らの教育目標に沿って項目を追加できるようにする旨も示されたところです。評定の方法は、これまでと同様に各項目の趣旨に照らして十分満足できる状況にあると判断される場合に〇印を記入することとしています。また、行動に関する所見は、「総合所見及び指導上参考となる諸事項」に記入することもこれまでと同様です。評価項目は、平成 3 年と同様です。また、その趣旨については以下のとおりです。

行動の記録の評価項目及びその趣旨

行動の記録
評価項目及びその学年別の趣旨

項　目	学　年	趣　旨
基本的な生活習慣	第1学年及び第2学年	安全に気を付け、時間を守り、物を大切にし、気持ちのよいあいさつを行い、規則正しい生活をする。
	第3学年及び第4学年	安全に努め、物や時間を有効に使い、礼儀正しく節度のある生活をする。
	第5学年及び第6学年	自身の安全に努め、礼儀正しく行動し、節度を守り節制に心掛ける。
健康・体力の向上	第1学年及び第2学年	心身の健康に気を付け、進んで運動をし、元気に生活する。
	第3学年及び第4学年	心身の健康に気を付け、運動をする習慣を身に付け、元気に生活する。
	第5学年及び第6学年	心身の健康の保持増進と体力の向上に努め、元気に生活する。
自主・自律	第1学年及び第2学年	よいと思うことは進んで行い、最後までがんばる。
	第3学年及び第4学年	自らの目標をもって進んで行い、最後までねばり強くやり通す。
	第5学年及び第6学年	夢や希望をもってより高い目標を立て、当面の課題に根気強く取り組み、努力する。
責任感	第1学年及び第2学年	自分でやらなければならないことは、しっかりと行う。
	第3学年及び第4学年	自分の言動に責任をもち、課せられた役割を誠意をもって行う。
	第5学年及び第6学年	自分の役割と責任を自覚し、信頼される行動をする。
創意工夫	第1学年及び第2学年	自分で進んで考え、工夫しながら取り組む。
	第3学年及び第4学年	自分でよく考え、課題意識をもって工夫し取り組む。
	第5学年及び第6学年	進んで新しい考えや方法を求め、工夫して生活をよりよくしようとする。
思いやり・協力	第1学年及び第2学年	身近にいる人々に温かい心で接し、親切にし、助け合う。
	第3学年及び第4学年	相手の気持ちや立場を理解して思いやり、仲よく助け合う。
	第5学年及び第6学年	思いやりと感謝の心をもち、異なる意見や立場を尊重し、力を合わせて集団生活の向上に努める。
生命尊重・自然愛護	第1学年及び第2学年	自然に親しみ、生きているものに優しく接する。
	第3学年及び第4学年	生命や自然のすばらしさに感動し、自他の生命を大切にする。
	第5学年及び第6学年	自然を愛護し、自他の生命を大切にする。
勤労・奉仕	第1学年及び第2学年	手伝いや仕事を進んで行う。
	第3学年及び第4学年	働くことの大切さを知り、進んで働くようにする。
	第5学年及び第6学年	働くことの意義を理解し、人や社会の役に立つことを考え、進んで仕事や奉仕活動をする。
公正・公平	第1学年及び第2学年	自分の好き嫌いや利害にとらわれないで行動する。
	第3学年及び第4学年	相手の立場に立って公正・公平に行動する。
	第5学年及び第6学年	だれに対しても差別をすることや偏見をもつことなく、正義を大切にし、公正・公平に行動する。
公共心・公徳心	第1学年及び第2学年	みんなが使うものを大切にし、約束やきまりを守って生活する。
	第3学年及び第4学年	約束や社会のきまりを守って公徳を大切にし、人に迷惑をかけないように心掛け、のびのびと生活する。
	第5学年及び第6学年	規則を尊重し、公徳を大切にするとともに、郷土や我が国の文化や伝統を大切にし、学校や人々の役に立つことを進んで行う。

道徳科の評価と指導要録、通知表

指導要録に記載する道徳科の学習状況等

　前述のように、指導要録の形式は学校の設置者である教育委員会が定めますが、仮に子どもたちが転学した場合に、指導の継続性を確保する観点から文部科学省が参考等式を示しています。
　そのため、一人一人の子どもの道徳科における学習状況や道徳性に係る成長の様子は、基本的に指導要録に記述することになるでしょう。学校の教育課程の基準は学習指導要領であり、そこに道徳科についての規定が示されていることから、道徳科における子どもの学習状況や道徳性に係る成長の様子の評価はこれに基づくことが求められます。つまり、指導要録に示す道徳科の評価は、道徳科の授業における学習状況や道徳科の授業を積み重ねたことによる道徳性に係る成長の様子を、数値などではなく記述によって「指導に関する記録」として記載するということです。
　指導要録は、基本的に年度末に作成するものであることから、その年度の指導の過程及び結果の要約を記録します。道徳科における学習状況や道徳性に係る成長の様子の記述については、第4章で述べたとおりです。そして、指導の結果を次の学年に生かすなど指導の継続性を図るためには、その子どもの道徳科における学びのよさを次に担任する教師がよく分かるように端的に記述することが求められ、また指導要録に示された記述から、子どもたちの学びのよさをイメージできるようにすることが大切です。
　なお、道徳科が教育課程に位置づけられたことに伴い、道徳科に関わる指導要録の記載に関して、文部科学省から平成28年7月に初等中等教育局長名で「学習指導要領の一部改正に伴う小学校、中学校及び特別支援学校小学部・中学部における児童生徒の学習評価及び指導要録の改善等について（通知）」が発出されました。
　この中で、道徳科の学習評価に関する基本的な考え方については、小・中学校学習指導要領の規定の趣旨や、「道徳に係る教育課程の改善等について（答申）」の考え方等を十分に踏まえる必要があるとして、学習活動

における子どもの「学習状況や道徳性に係る成長の様子」を、観点別評価ではなく個人内評価として丁寧に見取り、記述で表現することが適切であることを確認して、次のような配慮事項を示しています。

(1)児童生徒の人格そのものに働きかけ、道徳性を養うことを目標とする道徳科の評価としては、育むべき資質・能力を観点別に分節し、学習状況を分析的に捉えることは妥当ではないこと。
(2)道徳科については、「道徳的諸価値についての理解を基に、自己を見つめ、物事を（広い視野から）多面的・多角的に考え、自己（人間として）の生き方についての考えを深める」という学習活動における児童生徒の具体的な取組状況を、一定のまとまりの中で、児童生徒が学習の見通しをもって振り返る場面を適切に設定しつつ見取ることが求められること。　＊（　）は中学校の記述
(3)他の児童生徒との比較による評価ではなく、児童生徒がいかに成長したかを積極的に受け止めて認め、励ます個人内評価として記述式で行うこと。
(4)個々の内容項目ごとではなく、大くくりなまとまりを踏まえた評価とすること。
(5)その際、特に道徳教育の質的転換を図るという今回の道徳の特別教科化の趣旨を踏まえれば、特に、学習活動において児童生徒がより多面的・多角的な見方へと発展しているか、道徳的価値の理解を自分自身との関わりの中で深めているかといった点を重視することが求められること。

また、指導要録に関して、道徳科は子どもの学習状況や道徳性に係る成長の様子について、特に顕著と認められる具体的な状況等について記述による評価を行うことが示されています。
　さらに、入学者選抜における取扱いについて、道徳科における学習状況や道徳性に係る成長の様子の把握は、子どもの人格そのものに働きかけ、道徳性を養うという道徳科の目標に照らし、その子どもがいかに成長したかを積極的に受け止め、励ます観点から行うものであり、個人内評価であ

道徳科の評価と指導要録、通知表

小学校児童指導要録（参考様式）

〔参考1〕

様式2（指導に関する記録）

児童氏名		学校名		区分	学年	1	2	3	4	5	6
				学級							
				整理番号							

各教科の学習の記録

I 観点別学習状況

教科	観点	学年	1	2	3	4	5	6
国語	国語への関心・意欲・態度							
	話す・聞く能力							
	書く能力							
	読む能力							
	言語についての知識・理解・技能							
社会	社会的事象への関心・意欲・態度			/	/			
	社会的な思考・判断・表現			/	/			
	観察・資料活用の技能			/	/			
	社会的事象についての知識・理解			/	/			
算数	算数への関心・意欲・態度							
	数学的な考え方							
	数量や図形についての技能							
	数量や図形についての知識・理解							
理科	自然事象への関心・意欲・態度			/	/			
	科学的な思考・表現			/	/			
	観察・実験の技能			/	/			
	自然事象についての知識・理解			/	/			
生活	生活への関心・意欲・態度					/	/	/
	活動や体験についての思考・表現					/	/	/
	身近な環境や自分についての気付き					/	/	/
音楽	音楽への関心・意欲・態度							
	音楽表現の創意工夫							
	音楽表現の技能							
	鑑賞の能力							
図画工作	造形への関心・意欲・態度							
	発想や構想の能力							
	創造的な技能							
	鑑賞の能力							
家庭	家庭生活への関心・意欲・態度			/	/	/		
	生活を創意工夫する能力			/	/	/		
	生活の技能			/	/	/		
	家庭生活についての知識・理解			/	/	/		
体育	運動や健康・安全への関心・意欲・態度							
	運動や健康・安全についての思考・判断							
	運動の技能							
	健康・安全についての知識・理解							

II 評定

学年	教科	国語	社会	算数	理科	音楽	図画工作	家庭	体育
3								/	
4								/	
5									
6									

特別の教科 道徳

学年	学習状況及び道徳性に係る成長の様子
1	
2	
3	
4	
5	
6	

外国語活動の記録

観点 \ 学年	5	6
コミュニケーションへの関心・意欲・態度		
外国語への慣れ親しみ		
言語や文化に関する気付き		

総合的な学習の時間の記録

学年	学習活動	観点	評価
3			
4			
5			
6			

特別活動の記録

内容	観点	学年	1	2	3	4	5	6
学級活動								
児童会活動								
クラブ活動								
学校行事								

第5章

るとの趣旨がより強く要請されること、子ども自身が、入学者選抜や調査書などを気にすることなく、真正面から自分のこととして道徳的価値に多面的・多角的に向き合うことこそ道徳教育の質的転換の目的であることから、「各教科の評定」や「出欠の記録」「行動の記録」「総合所見及び指導上参考となる諸事項」などとは基本的な性格が異なるものであり、調査書に記載せず、入学者選抜の合否判定に活用することのないようにすることが述べられています。

　指導要録への記述に際しては、道徳科の特質を再確認して、これらについても併せて配慮することで、子どもの今後の指導に生きる評価を心掛けることが重要です。

道徳科の特質を再確認し、今後の指導に生きる評価を行います。

図15　指導要録への記載

通知表に記載する道徳科の学習状況等

1 通知表と指導要録の関係

　通知表(通信簿、あゆみなどの呼称はありますが、以下「通知表」とします)は、保護者に対して子どもの学習指導の状況を連絡し、家庭の理解や協力を求める目的で作成されることが一般的です。基本的には、作成、様式、内容等はすべて校長の裁量になっています。また、自治体によっては設置者である教育委員会が様式を定めたり、校長会等で様式の参考例を作成したりしている場合もあるようです。指導要録を作成する根拠は学校教育法施行規則ですが、通知表には法的根拠はありません。したがって、通知表を作成しなくてもよいということです。かつては、保護者との面談で子どもの学習指導の状況を伝えて通知表を作成しなかった学校もありました。

　以前から、指導要録と通知表とは別に考えられてきました。昭和30(1955)年に文部省から発出された「小学校、中学校および高等学校の指導要録の改訂について(通達)」には、「指導要録の記載事項に基づいて、就職等の証明書や家庭への通信簿等を作成する場合、その記録事項をそのまま転記すると誤解を生じるおそれもあるから、その作成に当たっては特に注意されたい」と示されています。このことは、これ以降、平成3年の「小学校児童指導要録、中学校生徒指導要録並びに盲学校、聾学校及び養護学校の小学部児童指導要録及び中学部生徒指導要録の改訂について(通知)」において、「指導要録は、一年間の学習指導の過程や成果などを要約して記録するもので、様式や記載方法等を学校と保護者との連絡にそのまま転用することは必ずしも適切ではない。指導要録における各教科等の評価の考え方を踏まえ、学習指導の過程や成果、一人一人の可能性などについて適切に評価し、一人一人のその後の学習を支援することに役立つようにする観点から、通信簿等の記載内容や方法、様式等について工夫改善すること」が示されるまでと一貫して配慮が求められてきました。多くの学

校は、指導要録の様式を基に工夫して通知表を作成し、家庭との連携協力を推進して子どもの教育指導の充実を図ってきました。

2 道徳科の学習状況等を通知表に示す意味

　道徳教育は、道徳科を要として学校の教育活動全体を通じて行うものです。道徳教育の推進に当たっては、学校の道徳教育の全体計画や道徳教育に関する諸活動などの情報を積極的に公表したり、道徳教育の充実のために家庭や地域の人々の積極的な参加や協力を得たりするなど家庭や地域社会との共通理解を深め、相互の連携を図ることが求められているところです。また、道徳科においても、授業公開や保護者等が授業の実施や地域教材の開発や活用などに積極的に参加、協力するなど、家庭や地域社会との共通理解を深め、相互の連携を図ることが求められています。

　こうしたことから、道徳科の授業における子どもたちの学習状況や道徳性に係る成長の様子を、通知表を通して分かりやすく伝え、学校における道徳科の授業に対する理解を深めるとともに、家庭においても子どもへの称賛や励ましを求め、子どもがよりよく生きようとする思いや願いをふくらませるようにすることが大切になるのです。

3 道徳科の学習状況等を通知表に示す上での配慮事項

(1)道徳科の評価の意義を再確認する

　道徳教育は、子どもたちがよりよい生き方を目指して実践する道徳的行為を可能とする人格的特性であり、人格の基盤である道徳性を養う教育活動です。

　道徳性は、子どもたちが将来出合うであろうさまざまな場面・状況において、道徳的価値を実現するための適切な行為を主体的に選択し、実践することができるような内面的資質です。子どもたちの道徳性を養うことが必要不可欠であることは、誰もが納得できることでしょう。道徳性を養う道徳教育の要となるものが道徳科の授業です。1時間の道徳科の授業において、一人一人の子どもが、道徳的価値の理解の基に自己を見つめ、多面的・多角的に考え、自己の生き方についての考えを深める学習を通して、

通知表における道徳科の記録例

【1学期】　　年　　組　　番　氏名

【特別活動の記録】

| 学級活動 | |

【特別の教科　道徳】

【生活科の記録】

| 学習活動と評価 | |

【総合所見】

【出欠の記録】

	4月	5月	6月	7月	計
授業日数					
出停・忌引					
欠席					
出席日数					

【家庭から】

	児童名	

道 徳 科 の 学 習 の よ う す

総 合 的 な 学 習 の 時 間 の 様 子

特 別 活 動 の よ う す

行 動 の よ う す

項目	内容	評価
基本的な生活習慣	安全に努め、物や時間を有効に使い、礼儀正しく節度のある生活をする。	
健康・体力の向上	心身の健康に気を付け、運動をする習慣を身に付け、元気に生活をする。	
自主・自律	自らの目標をもって進んで行い、最後までねばり強くやり通す。	
責任感	自分の言動に責任をもち、課せられた役割を誠意をもって行う。	
創意工夫	自分でよく考え、課題意識をもって工夫し取り組む。	
思いやり・協力	相手の気持ちや立場を理解して思いやり、仲よく助け合う。	
生命尊重・自然愛護	生命や自然のすばらしさに感動し、自他の生命を大切にする。	
勤労・奉仕	働くことの大切さを知り、進んで働くようにする。	
公正・公平	相手の立場に立って公正・公平に行動する。	
公共心・公徳心	約束やきまりを守って公徳を大切にし、人に迷惑をかけないように行動する。	

出 欠 の よ う す

項目			
授業日数			
出席停止、忌引き等の日数			
欠席日数			

認印	1学期	
	校長	担任

道徳科の評価と指導要録、通知表

道徳的判断力、道徳的心情、道徳的実践意欲や道徳的態度を育てていくのです。こうした学習は、教師の一方的な教え込みでは効果が上がりません。子どもたちが道徳的価値を自分事として捉え、自己を見つめ、教師と、あるいは子ども同士の対話を通して考えを深めていくことが何よりも大切になります。このような学習を通して、子どもたちは昨日よりも今日を、今日よりも明日をよりよく生きようとする意欲を高めていくのです。

　道徳科の授業における子どもたちの学びのよさや学びを積み重ねたことによる成長の様子をしっかりと伝えることが、道徳科の評価の重要な役割のひとつです。

(2)子どもの道徳科の授業の学習状況や道徳性に係る成長の様子に関する事実を伝える

　これまで繰り返し述べてきましたが、道徳科の評価は、子どもの道徳科の授業の学習状況や道徳性に係る成長の様子を把握することです。したがって、指導要録はもちろん通知表に記述することは、子どもの道徳科の授業の学習状況や道徳性に係る成長の様子に関する事実です。ともすると、「道徳的判断力が高まった」「道徳的心情が育った」「道徳的態度が養われた」などと、道徳性に関わる記述をしてしまったり、「思いやりのある行動が見られるようになった」「明るい挨拶ができるようになった」などと日常の子どもの様子を記述してしまったりすることも懸念されます。このようなことがないように、一人一人の子どもの道徳科の授業の中で見られた学習のよさを捉えて記述するようにしたいものです。そのためには、子どもに考えさせるべきことをしっかりもつこと、つまり、確かな指導観を基に授業を行うことが重要です。

(3)子どものよりよく生きようとする力を高める

　道徳科の評価は、子どもの学習状況や道徳性に係る成長の様子を子どもや保護者に伝えることで、子どもが自分の道徳科の学習を振り返り、学びのよさをより一層伸ばしていこうとする意欲につなげることが大切な役割のひとつです。子どもの学習状況等を伝えておしまいということでは、道

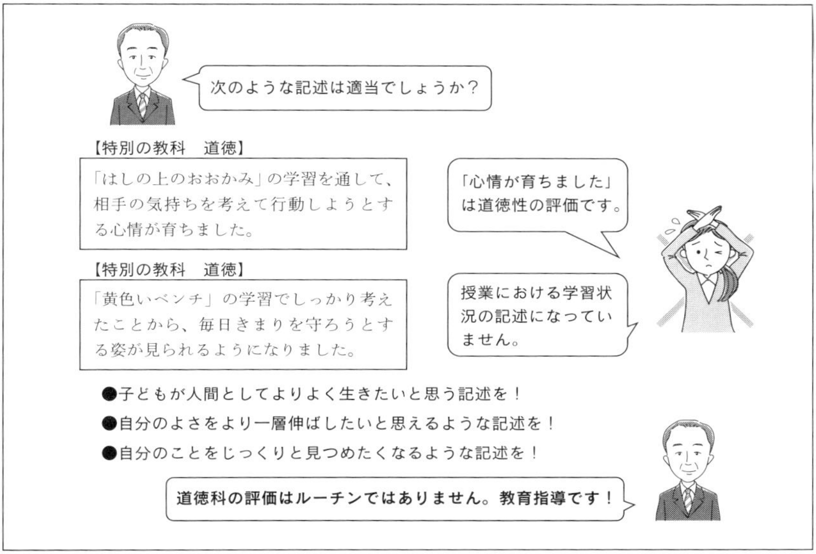

図13　通知表の注意点

徳科の評価がこの役割を果たしたとは言えないでしょう。

　年度の節目ごとに道徳科における子どもの学びのよさを伝えて、子どもたちがよりよく生きるための学びにより意欲を高めるようにすることが大切です。

(4) 子どもや保護者が納得できる記述にする

　前述のとおり、道徳科の評価は、これを契機として子どもたちのよりよく生きようとする意欲につながることが大切です。そのためには、子どもたちが学習状況等の記述を見て、「なるほど、そうだったなあ」「確かにそのとおりだ」というように納得できるような記述にすることが重要です。特に学習状況の記述については、具体的な内容項目や道徳的価値を取り上げて学びのよさを伝えることが何よりも大切です。漠然とした表現や一般的な表現では、子どもを受け止め、励ます評価にはなりえないでしょう。

　また、多くの学校で行っていることですが、保護者会や学校通信などを通して「通知表の見方」を伝える際に、道徳科の評価の基本的な考え方を

説明しておくことが大切です。その内容については、第4章の「2　道徳科の評価の基本的な考え方」で述べたとおりですが、人格の基盤としての道徳性の評価ではないこと、子ども同士を比較して優劣を決める評価ではなく、道徳科の授業で見られた一人一人の学びのよさを示したものであることを明確に伝えるようにすることが大切です。校長のリーダーシップの下に、学校のすべての教師が同一歩調で道徳科の評価を行うことが求められます。

【参考文献】
- 「小学校学習指導要領解説　特別の教科　道徳編」平成29年　文部科学省
- 「指導要録のあゆみと教育評価」高浦　勝義　平成23年　黎明書房
- 「小學校における新しい訓育」阿久澤榮太郎　昭和26年　明治図書
- 「性格・行動の見かたと記述のしかた」小宮山栄一　昭和26年　新光閣
- 「文部省発表　小・中学校指導要録　全文と改訂の解説」梶原康史　平成3年　明治図書

おわりに

　道徳科の評価に関して、平成28～29年にかけて、国会（衆議院予算委員会などで）質疑が行われました。質問の骨子は「道徳心や愛国心について評価するのか、成績をつけるのか」ということでした。この質問に対してさまざまな答弁がなされましたが、道徳心や愛国心について評価するのかと問われれば、答えはノーです。成績もつけません。

　本書をお読みいただいてお分かりのように、道徳科の評価の対象は、道徳性を養うための学習状況であり、道徳性を養うための学習に見られる成長の様子（第4章「道徳科の評価の基本的な考え方」の2を参照）です。道徳心といった道徳性や愛国心といった道徳的価値が評価の対象ではありません。あくまでも、子どもが道徳科においてどのような学びをしたのかということです。伝統と文化の尊重、国や郷土を愛する態度に関わる学習で伝統と文化を尊重できるようになったのか、国や郷土を愛する態度が育ったかということを判断することではないということです。我が国の伝統や文化を自分の経験やそれに伴う感じ方、考え方を基に考えたか、国や郷土を愛することを自分自身に引き寄せて、自分事として我が国の伝統、文化との関わりについて考えたかということです。

　また、道徳科の評価とは、学習の姿、言い変えれば学習の過程におけるよさを切り出して記述するということで、成績と行った学習の出来栄えを記述するということでもありません。

　子どもたちが今後出合うであろうさまざまな問題に対応していくときに、自ら考え主体的に判断し、実践することができるようにするために、道徳的価値の理解を基に自己を見つめ、道徳的価値やそれに関わる事象を多面的・多角的に考え、自己の生き方について考えを深める学習をどのように行ったのか、そうした学習を通して子どもたちの学びがどのように成長したのかを把握することが大切なのです。

　子どもたちや昨日よりの今日を、今日よりも明日をよりよく生きようとする思いを膨らませることができるよう、先生たちが確かな指導観をもって道徳科の評価に努めてくださることを期待しています。

赤堀博行
Akabori Hiroyuki

帝京大学大学院教職研究科教授

　1960年東京都生まれ。都内公立小学校教諭、調布市教育委員会指導主事、東京都教育庁指導部義務教育心身障害教育指導課指導主事、同統括指導主事、東京都知事本局企画調整部企画調整課調整主査（治安対策担当）、東京都教育庁指導部指導企画課統括指導主事、東京都教育庁指導部主任指導主事（教育課程・教育経営担当）、文部科学省初等中等教育局教育課程課教科調査官・国立教育政策研究所教育課程研究センター研究開発部教育課程調査官を経て、現職。

　教諭時代は、道徳の時間の授業実践、生徒指導に、指導主事時代は、道徳授業地区公開講座の充実、教育課程関係資料の作成などに尽力する。この間、平成4年度文部省道徳教育推進状況調査研究協力者、平成6年度文部省小学校道徳教育推進指導資料作成協力者「うばわれた自由（ビデオ資料）」、平成14年度文部科学省道徳教育推進指導資料作成協力者「心のノートを生かした道徳教育の展開」、平成15年度文部科学省生徒指導推進指導資料作成協力者「非行防止教育実践事例集」、平成20年度版『小学校学習指導要領解説　道徳編』の作成にかかわる。

　主な著作物に『道徳教育で大切なこと』『道徳授業で大切なこと』『特別の教科　道徳で大切なこと』『これからの道徳教育と「道徳科」の展望』（東洋館出版社）、『心を育てる要の道徳授業』（文溪堂）、『道徳授業の発問構成』（教育出版）などがある。

道徳の評価で大切なこと

2018年（平成30年）11月20日　初版第1刷発行

著　者：赤堀博行
発行者：錦織圭之介
発行所：株式会社 東洋館出版社
　　　　〒113-0021　東京都文京区本駒込5丁目16番7号
　　　　営業部　電話 03-3823-9206　FAX 03-3823-9208
　　　　編集部　電話 03-3823-9207　FAX 03-3823-9209
　　　　振替　00180-7-96823
　　　　URL：http://www.toyokan.co.jp

［装丁］中濱健治
［本文デザイン］竹内宏和（藤原印刷株式会社）
印刷・製本：藤原印刷株式会社
ISBN：978-4-491-03578-9

JCOPY ＜(社)出版者著作権管理機構 委託出版物＞
本書の無断複写は著作権法上での例外を除き禁じられています。複写される場合は、そのつど事前に、(社)出版者著作権管理機構（電話 03-3513-6969、FAX 03-3513-6979、e-mail：info@jcopy.or.jp）の許諾を得てください。